英国
插画师

BRITISH
ILLUSTRATORS

崔莹 CuiYing

Copyright © 2016 by SDX Joint Publishing Company.
All Rights Reserved.
本作品版权由生活・读书・新知三联书店所有。
未经许可，不得翻印。

图书在版编目（CIP）数据

英国插画师／崔莹著．—北京：生活・读书・新知三联书店，2016.11（2018.7重印）
ISBN 978-7-108-05660-3

Ⅰ.①英… Ⅱ.①崔… Ⅲ.①画家－生平事迹－英国－现代 ②插画（绘画）－作品集－英国－现代 Ⅳ.① K835.615.72 ② J238.5

中国版本图书馆 CIP 数据核字（2016）第 048878 号

特邀编辑	颜　筝
责任编辑	王　竞
装帧设计	鲁明静
排版制作	王吉辰
责任印制	卢　岳
出版发行	**生活・讀書・新知** 三联书店
	（北京市东城区美术馆东街 22 号 100010）
网　　址	www.sdxjpc.com
经　　销	新华书店
印　　刷	北京图文天地制版印刷有限公司
版　　次	2016 年 11 月北京第 1 版 2018 年 7 月北京第 2 次印刷
开　　本	880 毫米 × 1230 毫米　1/32　印张 7.5
字　　数	113 千字　图 237 幅
印　　数	08,001－13,000 册
定　　价	59.00 元

（印装查询：01064002715；邮购查询：01084010542）

BRITISH
ILLUSTRATORS

目 录 Contents

7   小引   汪家明

11   代序   David Wootton

33   Kate Greenaway
     凯特·格林纳威：永远生活在童年里

53   Heath Robinson
     希斯·罗宾逊：画异想天开的玩意儿

75   Louis Wain
     路易斯·韦恩：画猫的男人

93   Edward Lear
     爱德华·李尔：边走边画

113 Beatrix Potter
     毕翠克丝·波特：小兔彼得和它的主人

133 Aubrey Beardsley
     奥伯利·比亚兹莱：在黑白艺术中挣扎

155 Phil May
     菲尔·曼：用线条作画的黑白艺术大师

175 John Millais
     约翰·米莱斯：当梦想遭遇面包

199 Arthur Rackham
     亚瑟·拉克姆：畅游梦幻仙境

223 Walter Crane
     沃尔特·克莱恩：喜欢画花的社会主义者

小 引

汪家明

"插图",《现代汉语词典》解释为"插在文字中间帮助说明内容的图画,包括科学性的和艺术性的";"插画"的解释则为"艺术性的插图"。若以这种标准衡量,本书中前五位都不算严格意义上的"插画师",他们的主要作品并不是为了帮助说明文字内容的图画,而是我们今天所说的"绘本",是以图画为中心的。然而,在插画历史上,绘本和插图,还有中国的连环画,其实很难区分。绘本画家和连环画画家,乃至许多油画家、国画家、版画家都创作了不少插画——插画本来就不以绘画材料分类(如油彩、水墨、木刻),它更宽泛、更兼容、更自由,也更平民化。

我打小喜欢外国插画,搜罗多年,写了不少文章,其中关于英国的六篇。奇怪,竟没有一篇所谈与本书中的画师相关,连我特别欣赏的插画师,如《大卫·考坡菲》的哈伯特·佘特·布朗(1815-1882,他是狄更斯的朋友,笔名菲兹)、《傲慢与偏见》的查尔斯·波洛克和休·汤姆森(创作于1894-1895)、《鲁滨孙漂流记》的理查德·弗洛特、《十日谈》的斯蒂尔·萨维奇、《坎特伯雷故事集》的爱德华·柯莱·伯恩-琼斯、《福尔赛世家》的安东尼·格罗斯……都没有。由此观之,在英国那个神奇的后工业革命年代,人们对知识、文化和出版物的巨大需求,加之技术的进步,造就了太多插画家。在范用先生留下的《现代英美图书插图》中,涉及的插画家不啻数百,本书中有奥伯利·比亚兹莱和菲尔·曼在列。这本英国画册出版于1931年,本为叶灵凤旧藏,后由叶夫人转赠给范用。封二板板正正贴着叶灵凤那张著名的凤凰藏书票,扉页上钤着范用的藏书章,可以看出,两位前辈对这本画册的钟爱。的确,叶灵凤在他的《读书随笔》中,有五篇文章谈论比亚兹莱,有十多篇文章与插画有关。范用为三卷《读书随笔》设计封面，全用比亚兹莱作品。两位先生的心是相通的。我想，喜欢书的人，都会喜欢插图吧！鲁迅先生对图书插画的孜孜以求，早已成为业界佳话。在爱书人的心目中，插图的作用绝不止于"说明文字内容"，它有独立的艺术价值，这本《英国插画师》就是最好的证明。

我喜欢书中的每一位画师。作者收罗这些久远的画作不容易，讲述画师们的生平倒是轻松有趣。那位一生未婚，一生都在精神恋爱的格林纳威（据考，她自写自画的童书《在窗下》是全世界最早的绘本），她的作品的最大魅力竟然是"完美而不真实"！她给所爱的人写了一千五百封信，不管对方回不回信，反正就是写，这也符合她"完美而不真实"的调性。像她这样的怪人本书中有好几个，迷猫的，迷老鼠的，迷鸟的，迷兔子的，还有醉心于奇妙装置的。从他们身上，我看到20世纪二三十年代美国动画的渊源。

喜欢旅行创作的李尔竟然是一位大诗人，他的《胡诌诗集》和插画为何生命力那么强？一百五十多年后，这部诗集仍在多国出版。李尔生平只有一次向女孩子求婚，却以失败告终。"他的诗歌和画作征服了世界，却未能征服一个女人"——书里这样说。

最为特立独行的还是比亚兹莱，活了二十六岁，却影响了全世界。他用魅人的黑白线面之美渲染情色、死亡和畸形男女，至今无人比肩。

十位画师中，在美术史上地位最高的，大概要算约翰·米莱斯，他是拉斐尔前派的发起人之一，名画《奥菲莉亚》的作者。所谓拉斐尔前派，是指1848年时，一帮年轻画家，不满伦敦皇家学院的艺术观和教学方法，而从拉斐尔时代（1483-1520）之前的意大利绘画中寻找灵感的绘画团体。他们讲究写实，不论物体还是人物都有着明亮的色彩和均衡的光线，每一处细节都能看出对自然的倾力观察。他们的作品对后世颇有影响。遗憾的是，拉斐尔前派的画家在世时都穷，为了生计，他们参与插画创作，赚点现钱，却阴差阳错地推高了插画艺术的创作水准。

十位画师中，只有李尔擅长科学性插画。他画的各种鸟，色彩斑斓，精准无比，根根羽毛一笔不苟。最近书市在销《发现最美的鸟》，自称汇集了西方博物学巅峰时的十三部鸟类学著作和当时最美的彩色插图，李尔的插画赫然在焉，其中《红黄色的金刚鹦鹉》一幅，被作为广告，放大置于北京地铁内的灯箱。如若不信，你乘车时带着本书留心看看。

2016年7月6日

汪家明，出版人，作家。策划并出版过不少脍炙人口的好书，如"老照片"系列，"中学图书馆文库"系列，《小艾，爸爸特别特别想你》等。喜欢书，喜欢插画，喜欢爱书的人。著有《难忘的书与插图》《难忘的书与人》等。

代序

David Wootton

  崔莹的这本书向读者介绍了 19 世纪和 20 世纪初英国最重要的十位插画师。他们活跃的年代，也正是英国工业在世界上遥遥领先，英国积极对外扩张的年代，因此，他们的插画作品获得数量空前的受众，无论是在国内还是国际，他们都能够被人广泛熟知。

  爱德华·李尔以用画作记录其地中海的旅行闻名。他最远到达印度，旅行回来后，在伦敦举办过画展。然而，他去世后仍享有盛誉在很大程度上基于他早前创作的充满创意的胡诌诗歌。这些诗歌创作于 19 世纪 30 年代，初衷是为了逗他的赞助人德比伯爵的孩子开心。

  约翰·米莱斯也以油画出名。他是拉斐尔前派成员，但是为了挣钱，也画插画，因为在当时，对于新兴的图书和期刊市场而言，要想成功，插画必不可少。他发现，他能准确捕捉人们之间互动的心理活动，而且他所具有的技巧让他可以从一种艺术形式很顺利地转换到另一种艺术形式。

  与米莱斯相反，**沃尔特·克莱恩**接受过木版雕刻培训，他的工作本该是创作和复制插画，但画油画的天赋、设计的天赋，以及对社会主义与日俱增的认同，都拓宽了他的事业范围，使他成为艺术家、教育家和公共人物。

  作为木版印刷师的女儿，**凯特·格林纳威**在专业插画师间长大，并受到她那个时代人们对女艺术家少有的鼓励。和沃尔特·克莱恩一样，她和彩印木版印刷出版商埃德蒙·埃文斯合作，但是和克莱恩不同的是，她施展画技所表现的，是沉浸于理想化过去的优美的青春图景——这样的美景被证明相当时髦和赚钱。

Introduction

This book, by Cui Ying, introduces readers to ten of the most essential British illustrators of the nineteenth and early twentieth centuries. They worked in an age in which Britain strengthened its position as a leading industrial nation and expanded its empire. As a result, their images reached an unprecedented audience, and they had many opportunities to gain widespread recognition, nationally and internationally.

Edward Lear made his name most immediately by recording his travels around the Mediterranean and as far as to India, exhibiting the results back in London. However, his posthumous popular reputation is largely based on his innovative nonsense poems and drawings, which he had first produced to entertain the children of his patron, the Earl of Derby, in the 1830s.

John Everett Millais also made his name as a painter – as a member of the Pre-Raphaelite Brotherhood – but turned to illustration to make money, at a time when illustration was intrinsic to the success of the burgeoning market in books and periodicals. He found that his skill at capturing psychologically acute interactions between people transferred well from the one art form to the other.

In contrast, **Walter Crane** trained as a wood engraver, and so might have expected to work mainly in the creation and reproduction of illustrations. However, his talents as a painter and a designer, and his increasing commitment to Socialism, ensured him a wide-ranging career as a practising artist, educator and public figure.

As the daughter of a wood engraver, **Kate Greenaway** grew up among professional illustrators, and received encouragement rarely given to women artists of her generation. Like Crane, she collaborated with the printer of coloured wood-engravings, Edmund Evans; but, unlike him, she focussed her abilities in order to express a vision of graceful youths inhabiting an idealised past – a vision that proved highly fashionable and lucrative.

Louis Wain also created a distinctive vision, by inventing what H.G.Wells would call, 'a cat style, a cat society, a whole cat world'. While his anthropomorphic art brought him much fame, through annuals and periodicals, his lack of business sense impeded his success and, worse still, he suffered a mental decline, following the death of a favourite sister. Against the odds, he continued to paint within the confines of asylums, in a style of startling originality, and received financial support from an affectionate public.

Among the influences on Wain was **Phil May**, who recorded the abounding life

路易斯·韦恩也创造了与众不同的情景，英国小说家赫伯特·乔治·威尔斯称之为"猫的风格，猫的社会，猫的世界"。韦恩在年刊和期刊上发表作品，其拟人化的艺术令他一举成名，但是商业意识的缺乏阻碍了他的成功，更糟糕的是，在喜欢的妹妹去世后，他的心智逐渐衰退。尽管困难重重，他在精神病院住院期间也继续画画，作品的独创性令人咋舌，也获得了热心公众的资助。

影响路易斯·韦恩的艺术家之一是菲尔·曼。他用灵巧的黑色和白色，以时而幽默、时而凄美的画作，记录街上人们丰富多彩的生活。曼来自东北部工业化城市利兹的穷人区，他坚守工人阶级的出身，结合他早期的经历成为伦敦知名的插画师。

奥伯利·比亚兹莱的作品和菲尔·曼的作品形成了对比。比亚兹莱用单色调创造蜿蜒、非写实主义的图像，而曼的作品显然很直接，并且是即兴完成。比亚兹莱最初受拉斐尔前派的影响，后来吸收了日本版画和洛可可绘画中的元素，很快形成复杂而具挑衅性的画风。比亚兹莱肯定是成功的，但他也因卷入丑闻而声名狼藉。

和比亚兹莱相比，**毕翠克丝·波特**的变革是悄然进行的，尽管如此，她仍称得上是一个变革者。从1901年创作"小兔彼得"的故事开始，她下决心出版一类从价格到尺寸都能适合小朋友阅读的彩色童书。此外，她画笔下的动物不如路易斯·韦恩画笔下的动物拟人化，而她描绘的世界也没有凯特·格林纳威所描绘的世界理想化。

亚瑟·拉克姆的成就很大，尽管他总是谦和有礼，但他是第一位，也是最重要的一位制作彩色版画，并出版充满创意的奢华礼品书的艺术工作者。他的艺术史知识，对北欧文学以及北欧风土人情的了解，帮助他创作出充满感染力、人物刻画细腻的插画作品。

尽管**希斯·罗宾逊**也为大量礼品书创作了插画，但他是一位非常多才多艺，有独立意识的插画师和漫画家。他喜欢画的插画内容令他家喻户晓，也

of the streets in dextrous black and white, by making drawings at turns humorous and poignant. Emerging from poverty in Leeds, in the industrial northeast, he remained true to his working class origins, and mined his early experiences to become a celebrated draughtsman in London.

Aubrey Beardsley provided a counterpoint to May, in using monochrome to create sinuous, artificial images in contrast to May's apparent directness and spontaneity. Though he was initially influenced by the Pre-Raphaelites, he absorbed elements of Japanese prints and Rococo paintings to forge a style that was at once sophisticated and provocative. Beardsley certainly attained success, but it was *a succès de scandale*.

Compared to Beardsley, **Beatrix Potter** was a quiet revolutionary, but a revolutionary nonetheless. Beginning with *The Tale of Peter Rabbit* (1901), she was determined to produce colour picture books at a price and size that encouraged children to handle and read them themselves. Furthermore, her animal characters are less anthropomorphic than those of Wain, and her settings less idealised than those of Greenaway.

The achievement of **Arthur Rackham** was on a grander scale; for, despite his modest manner, he was the first and foremost practitioner of colour plates for the innovative and luxurious format known as the gift book. His knowledge of the history of art, and his affinity for the landscape and literature of northern Europe, underpinned his ability to provide illustrations with atmospheric settings and intensely observed characters.

Though **William Heath Robinson** also contributed illustrations to gift books, he was a highly versatile and individual illustrator and cartoonist. The contents of his best-loved cartoons made him a household name within his lifetime, and have led to him entering the dictionary as a byword for a design or construction that is ingeniously or absurdly over-complicated.

These are the artists whose work Cui Ying explores. The present essay provides them with a context.

1. A Hunger for Narrative

It is almost a commonplace that English art has been considered to be 'too literary' for much of its history. Nevertheless, whatever the validity of that view, one positive effect of a close relationship between the visual and the verbal in English culture, and in particular a shared hunger for narrative, has been the development of

令他的名字被收入字典，成为某种复杂到过分精巧，也可以说过分荒谬的设计或者结构的代名词。

崔莹所讲的就是这些插画师的故事。我下面的这些文字所介绍的是他们生活的环境和历史背景。

1. 对叙事的渴望

几乎是老生常谈，英国艺术被认为"过于文学化"。然而，无论这一观点是否正确，所带来的积极作用之一是，英国文化中图像和语言的密切关系，特别是两者共有的对叙事的渴望，已经成为插画艺术发展的显著特色。

想想威廉·荷加斯文雅的艺术风格。他的作品无论是画板上的油画、雕版作品，还是图书插画，都以讲述道德故事为基础，这样的风格对之后小说、剧本以及油画和插画的创作都产生了影响，并且持续影响到19世纪晚期。

相比之下，同在伦敦工作，但比威廉·荷加斯差不多晚一个世纪、不食人间烟火的诗人威廉·布莱克则选择通过手绘插图书，与他自己脑海里复杂的神话交流。

甚至和威廉·布莱克同时代，活跃在英国北部的托马斯·比威克，也感到有必要在作品中加入叙事化的装饰图案，比如三个孩子在放风筝——这是他为一本自然科学图书，他最著名的两卷本《英国的鸟儿》绘制的插画。

2. 以托马斯·比威克为例

托马斯·比威克的重要，不仅在于他是推动英国艺术叙事化的典范，或许还在于，在18、19世纪之交，他给英国插画书出版带来的变化超过其他任何一个人。他所做的是将金属雕版技术用于木版，通过这种方式制作出可以同时与文字一起印刷的精美插画。

因此，用大卫·布兰德的话说，托马斯·比威克创立了"一种为大规模生产的图书配插画的恰当方式，而此时工业革命正使得大规模生产成为可

a strong tradition of illustration.

Consider the urbane art of William Hogarth (1697-1764), in which easel paintings, engravings and book illustrations were so founded on the desire to tell moral stories that they affected novels and plays, as well as paintings and illustrations, until at least late into the nineteenth century.

Or turn, by contrast, to the unworldly poet William Blake (1757-1827), who, working in London almost a century later than Hogarth, chose to communicate his own complex mythology via hand-printed illustrated books.

Even Blake's northern contemporary, Thomas Bewick (1753-1828), felt it necessary to add narrative vignettes – such as three children flying a kite – to a work of natural science, his famous two-volume *A History of British Birds* (1797, 1804).

2. The Example of Bewick

Thomas Bewick is significant not only for exemplifying the narrative thrust of English art. It was perhaps he more than anyone who brought the greatest change to the production of illustrated books in England at the turn of the eighteenth century. This he did by transferring the technique of intaglio metal-engraving to the end grain of boxwood, so producing delicate illustrations that could be printed simultaneously with the type.

As a result, Bewick instituted, in the words of David Bland, 'a suitable method of illustrating the mass-produced book, just when the Industrial Revolution was making mass production possible' (*A History of Book Illustration*, London: Faber and Faber, 1958, page 222). This technical development helped give the visual-verbal art of illustrated literature a key position in the education and entertainment of an increasingly urban population, as people moved from country to town in the hope of gaining new and better-paid types of employment.

Furthermore, Bewick influenced subsequent generations of illustrators by training a number of talented apprentices in his workshop on Tyneside, in northeast England – including Luke Clennell, William Harvey and, nominally, Ebenezer Landells – who then established themselves in London.

3. Technical Developments

This refinement of wood engraving was matched by a number of other important technical developments during the opening decades of the nineteenth century. These contributed to the more precise articulation of a wide range of subjects and sensibilities. Chief among these sensibilities was that of Romanticism, exponents

能"。这种技术发展有助于以视觉语言艺术为特点的插画文学,在为日益增长的城市化人口提供教育和娱乐的过程中,获得重要的一席之地。也正是这个时期,很多人从乡下移居城市,希望找到新的、收入更高的工作。

此外,托马斯·比威克在他位于英格兰东北部泰因赛德的工作室培养了很多有才华的学徒,通过这种方式影响了几代插画师,其中包括卢克·克伦奈尔、威廉·哈维和埃比尼泽·兰德尔斯,他们那时都定居在伦敦。

3. 技术的发展

随着19世纪初其他一些重要的技术发展,木版画技艺也愈发精细,继而拓宽了可以表现的主题,也使得木版画对情感的表达更加细腻。其中的浪漫主义元素,对自然和特殊的风景意象提出了新的理解和回应。特别是在插画作品中,这种意象常被用来描绘人类活动,既有历史上的,也有正在进行的。

以此为契机,在对重要色调的凹版印刷追求精雕细刻的过程中,实业出版商鲁道夫·阿克曼促成了以图为主的彩色图画书的迅速发展。这类书——其中包括托马斯·罗兰森的作品——尝试展现的主题如百科全书般广博,通常都有测绘学的基础。

同样,油画师威廉·透纳设计的叙事景观迷你画,通过钢刻插画的形式展示流行诗人塞缪尔·罗杰斯、拜伦和司各特的经典作品。19世纪20年代钢版雕刻刚被引入时,透纳就欣然接受了这种版刻和蚀刻相结合的技法,并与版画制作者一起将这种技法发挥到极致。他也因此将一种线条的技艺转换为一种色调的技艺,用菲利普·詹姆斯的话说,这令他的插图"在画页上呼之欲出"。

如果说透纳依赖刻版师掌握了钢版雕刻,那么乔治·克鲁克香克则自己做蚀刻,并且与欧仁·德拉克洛瓦在法国使用石版印刷术制作版画一样,在当时就为童话作品和维多利亚初期的小说做了大量插图。其中最著名的小

of which posited a new understanding of, and response to, nature, and so privileged landscape imagery. In illustration, in particular, that imagery was often used to narrate the activities of mankind, both past and present.

So, in exploiting the important tonal intaglio process of aquatint, the entrepreneurial publisher, Rudolph Ackermann, contributed to an explosion of innovative image-led colour-plate books – with images by Thomas Rowlandson (1757-1827) among others – that attempted an encyclopaedic range of subjects, often founded on topography.

Similarly, the painter, J.M.W. Turner (1775-1851), designed narrative landscape miniatures to be used as steel engraved illustrations to the once highly popular poems of Samuel Rogers, and the more enduring works of Byron and Scott. He embraced steel engraving – a combination of engraving and etching – on its introduction in the second decade of the nineteenth century, and worked with printmakers to get the best out of it. In so doing, he transformed a line technique into a tonal one, with the result that, in the words of Philip James, his vignettes 'almost seem to have been breathed on to the page' (*English Book Illustration, 1800-1900*, London: Penguin, 1947, page 26).

If Turner trusted to engravers in order to master steel, George Cruikshank (1792-1878) etched it himself and, with an immediacy akin to Eugène Delacroix's use of lithography in France, became a prolific interpreter of fairy tales and rattling early Victorian novels. Most notable among those novels was Charles Dickens's *Oliver Twist* (1837-39), which, like so much fiction of the period was first issued in a periodical – in this instance, *Bentley's Miscellany* – before appearing in volume form.

Though lithography was used more widely on the Continent of Europe than in Britain, one native landmark in the history of the lithographic book was *A Book of Nonsense* by EDWARD LEAR (1812-1888), published in 1846. Here the process was used for both text and illustration, and the drawings were well reproduced, although, as David Bland points out, 'they were conceived as wood-engravings and had in fact already been cut in wood' (*A History of Book Illustration*, page 252).

A Book of Nonsense was equally a landmark in the development of a literature aimed specifically at children. It signalled a shift in the genre's purpose from a tool of moral education to an ignition of amusement and delight, and provided an idiosyncratic and seemingly spontaneous style of image making (very different from those used by Lear in his professional work as an ornithological draughtsman and landscape painter).

The technical innovations of the early nineteenth century, and especially

说当属查尔斯·狄更斯的《双城记》，跟同时期其他小说一样，在结集成册出版之前，《双城记》最早发表于文学期刊，也就是《宾利杂记》上。

虽然石版印刷术在欧洲内陆的应用比在英国地区更广泛，石版印刷史上的里程碑之作却是英国作家爱德华·李尔出版于1846年的《胡诌诗集》。这本书的文本和插画都采用石版印刷，插画印制精美，尽管大卫·布兰德曾指出，"这些插画是按照木版画构思的，并且早已在木版上刻好了"。

《胡诌诗集》同时也是儿童文学史上里程碑式的著作，此书的出现使得儿童文学作品不再是道德说教的工具，而是为孩子们带来娱乐和趣味的源泉。这部作品还展现了一种另类而又看似自然的绘画风格（与李尔作为鸟类绘画家和风景画师的作品很不一样）。

19世纪早期的技术革新，尤其是彩色印刷技术的发展，在彩色石版印刷的复杂过程中达到了顶峰。如约翰·哈森所说："这项技术需要准备同一绘画作品的二十块石版，每块石版中的作品为一种颜色，然后把这些石版一一加以叠印。"在19世纪30年代，这项技术多用于地图测绘，比如1839年版的《巴黎、根特、安特卫普和鲁昂的建筑图册》，该画册的插画师是托马斯·博伊斯。但是进入19世纪40年代之后，这项技术也被用于早期的艺术品彩印，比如亨利·汉弗莱斯于1844年出版的《中世纪绘画图册》。

4. 达尔齐尔兄弟的影响

然而话说回来，在19世纪中期的英国，出版商们青睐的依然是木版雕刻印刷术。艺术家和以达尔齐尔兄弟为代表的木版插画师，合作紧密无间。达尔齐尔兄弟最早生活在诺森伯兰郡的乡间，后来移居伦敦。在成立自己的工作室之前，达尔齐尔兄弟和埃比尼泽·兰德尔斯合作，成为这个领域的领军人物，并承担了很多杂志和书籍的插画工作。

约翰·米莱斯为《上帝的寓言》一书所作的插画，可谓是达尔齐尔兄弟与拉斐尔前派成员合作的典范。拉斐尔前派成员一向致力于复兴早期经典

those involving colour printing, achieved their apotheosis in chromolithography, an elaborate process that, in the words of John Harthan, 'required up to twenty separate stones and drawings, one of each colour, which were then overprinted one after the other' (*The History of the Illustrated Book: The Western Tradition*, London: Thames & Hudson, 1981, page 174). In the 1830s, it had been applied to topography, notably in the 1839 volume, *Picturesque Architecture in Paris, Ghent, Antwerp, Rouen*, with illustrations by Thomas Shotter Boys (1803-1874). But in the 1840s, it was used to produce some of the earliest colour reproductions of works of art, as in the ambitious endeavour of Henry Noel Humphreys (1810-1879) of 1844, *Illuminated Books of the Middle Ages*.

4. The Influence of the Dalziels

Nevertheless, in mid nineteenth-century England, wood engraving remained the characteristic technique for replicating images for publication, and artists worked closely with professional wood engravers, as epitomised by the Brothers Dalziel. Originally from Bewick's home region of Northumberland, the Dalziels moved to London, where they worked with Ebenezer Landells before they established themselves and became the leaders in their field, assisting in the illustration of many magazines as well as books.

The plates by JOHN EVERETT MILLAIS (1829-1896) for *The Parables of Our Lord* (1863) epitomise the Dalziels' association with the Pre-Raphaelite Brotherhood, the members of which were determined to revive the purity, directness and naturalism of the best of early European art. And those of Arthur Boyd Houghton (1836-1875) for the *Arabian Nights' Entertainments* (1865) indicate their association with, and an encouragement of, a slightly younger generation that has since been much praised by historians of the book as 'The Illustrators of the 1860s'.

Another group of this period – comprising John Tenniel (1820-1914), Charles Keene (1823-1891) and George Du Maurier (1834-1896) – is always linked to *Punch*, the essential comic periodical, the cartoons of which were wood engraved, unlike those of its French counterpart, *Le Charivari*, which were mostly lithographed. All three of these artists also worked as book illustrators, Tenniel producing the immortal images to Lewis Carroll's Alice Books (1865, 1872), Keene those to Douglas Jerrold's delightful social comedy, *Mrs Caudle's Curtain Lectures* (1866), and Du Maurier those to his own novels, including the phenomenally popular *Trilby* (1895). (That Keene's images were replicated by Joseph Swain is an indication that distinguished professional wood-engravers other than the Dalziels were available.)

欧洲艺术作品的纯粹性、直接性和自然主义特质。而亚瑟·霍顿为《一千零一夜》所绘制的插画，展现了与年轻一代插画师的合作和对他们的鼓励——此后历史学家称赞这年轻的一代为"19世纪60年代的插画师"。

同一时期的另外一群人——约翰·坦尼尔、查尔斯·基恩和乔治·莫里耶的名字总是会和《笨拙》杂志联系在一起。《笨拙》杂志是当时重要的漫画期刊，其中的插画使用木版印刷，而当时和《笨拙》定位类似的法国幽默杂志《喧闹》(Le Charivari)则使用石版印刷。这三位艺术家也为图书绘制插画。坦尼尔曾为刘易斯·卡罗尔的"爱丽丝"系列图书绘制了颇为经典的插画；基恩曾为道格拉斯·杰罗尔德的社会喜剧系列，比如《考德尔夫人的窗边演说》制作了插画；而莫里耶则为自己的小说作品绘制插画，其中包括当时非常流行的《特里尔比》。基恩所绘制的插画曾被雕刻师约瑟夫·斯温复制，这说明除达尔齐尔兄弟之外，那个年代还活跃着其他一些杰出的、专业的木版插画师。

达尔齐尔兄弟的代表作之一是他们为艾尔弗雷德·丁尼生配图的诗集。1857年，这本诗集由爱德华·莫克森出版，其中有些作品出自那个时代其他的优秀插画师，比如拉斐尔前派成员。尽管这部作品在商业上并不成功，它的艺术成就却对一些新兴的影像制造者，比如摄影师形成了挑战。这意味着，摄影师不仅要以影像记录世界，像威廉·塔尔博特在《自然的铅笔》中所做的那样，还要用想象力诠释这个世界。朱丽·卡梅伦为丁尼生所做的摄影插画可以说是19世纪摄影师与手绘插画师竞争中最为成功的一个例子。

5. 埃德蒙·埃文斯的企业

如果说达尔齐尔兄弟注重使用木版雕刻术来制作黑白插画，另外两名艺术家，本杰明·福塞特和埃德蒙·埃文斯，则对彩色木版画的发展贡献良多。在达尔齐尔兄弟的基础上，并运用在埃比尼泽·兰德尔斯工作室所获得的基本技能，埃文斯通过为一系列被称为"玩具书"的彩色儿童图书创作插画而

One of the Dalziels' most famous books was the edition of *Poems by Alfred Tennyson*, published by Edward Moxon in 1857, and containing images by many of the leading illustrators of the day, including members of the Pre-Raphaelite Brotherhood. Though it was a commercial failure, its artistic achievement stood as a challenge to at least some of those new image makers – the photographers – who wished not only to record the world, as did William Henry Fox Talbot (1800-1877) in *The Pencil of Nature* (1844), but interpret it imaginatively. *Illustrations to Tennyson* (1875) by Julia Margaret Cameron (1815-1879) is perhaps the most successful of the many such attempts, made in the nineteenth century, to compete with the draughtsmen.

5. The Enterprise of Edmund Evans

While the Dalziels exploited wood-engraving as an ideal medium for the reproduction of black and white images, the use of colour wood-engraving developed through the enterprises of two other great printers, Benjamin Fawcett and, especially, Edmund Evans. Having shared the experience of George and Edward Dalziel, of honing essential skills in the workshop of Ebenezer Landells, Evans went on to ensure his reputation through the production of a series of coloured children's books – known as 'toy books' – that prefigure modern picture books. This he did in collaboration with three highly distinctive illustrators – Walter Crane (1845-1915), Randolph Caldecott (1846-1886) and Kate Greenaway (1846-1901) – in two phases of activity.

During the first phase, Evans worked for other publishers, including Ward Lock, which in 1865 published *The House That Jack Built Alphabet*, the first of Evans' toy books with plates by Crane. Crane himself had received an excellent training in engraving from James Linton, and was able to use flat colours in a way that marked a new departure. His wide-ranging skills as a designer and his absorption of innovative artistic ideas ensured that his illustrations increasingly promoted the cult of beauty known as Aestheticism, and so appealed to a sophisticated adult audience as well as to children.

This became particularly true in such of Crane's books as *The Baby's Opera* (1877), which marked the beginning of the second phase of Evans' activity, when he began to publish as well as print. In the following year, in 1878, he issued his first books with illustrations by Caldecott (*The Diverting History of John Gilpin*) and Greenaway (*Under the Window*). The elegance of their images and the idealised presentation of past times, often the eighteenth century, made their work extremely popular. Greenaway, in particular, developed an international reputation, and made a fortune from her illustration.

名声大噪。这些儿童图书可被视为现代图画书的鼻祖之作。埃文斯与另外三名出色的插画师合作完成了这些作品,他们是沃尔特·克莱恩、伦道夫·凯迪克和凯特·格林纳威。

整个出版过程分为两个阶段。在第一阶段,埃文斯为包括沃德·洛克在内的出版商工作。沃德·洛克在1865年出版了埃文斯的第一本玩具书《杰克的字母小屋》,其中的插画是由克莱恩完成的。克莱恩在林顿工作室的版画技能培训中获益匪浅,在平面色彩的运用上很有新意。克莱恩还在自己掌握的多种设计技能上进行艺术创新,让自己的插画作品日益绽放出唯美主义的光彩。这种艺术美对成年人和儿童一样富有吸引力。

在克莱恩的《宝宝们的歌剧》丛书中,这一特色尤为明显。这一丛书的出版也标志着埃文斯第二个出版阶段的开始。他同时承担了创作和出版的任务。丛书出版后的第二年,1878年,他第一次与伦道夫·凯迪克合作,出版了《约翰·吉尔平的转折史》,并和凯特·格林纳威合作,出版了《在窗下》。这两位插画师用精美雅致的图画追忆过去,尤其是18世纪的美好时光,他们的作品很流行。凯特·格林纳威更是享誉国际,名利双收。

6. 19世纪末的黑白插画

19世纪末,插画似乎朝着两个相反的方向发展。一方面,科技的快速发展使得运用摄影技术复制插画成为可能;而另一方面,传统印刷工艺在对新兴技术的反击中努力变革而再次复兴。

这场变革的领军人物是威廉·莫里斯,拉斐尔前派的第二代成员和主要设计师(他的花卉图案壁纸流行至今)。1891年,莫里斯仿效15世纪英国印刷之父威廉·卡克斯顿成立了凯姆斯科特出版社。莫里斯本人曾经参与图书出版的全过程,甚至包括字体设计,尽管他也雇其他人为他画插画,其中包括沃尔特·克莱恩。

1892年,莫里斯公布将出版由其拉斐尔前派好友爱德华·伯恩-琼斯

6. Black and White Illustrations in the 1890s

In the late nineteenth century, illustration seemed to be heading in two opposite directions. On the one hand, technology had so advanced to allow for the reproduction of drawn illustrations by photographic means. On the other, and in reaction to the first, the origins of the craft of printing were being explored and revived.

This reaction was headed by William Morris (1834-1896), a member of the second generation of the Pre-Raphaelites and its leading designer (his famous floral wallpapers being still produced today). In 1891, he set up the Kelmscott Press in emulation of William Caxton, the fifteenth-century father of English printing, and involved himself in all aspects of book production, including the design of fonts – though tending to employ others as illustrators, including Walter Crane.

In 1892, Morris advertised the publication of an edition of the works of Geoffrey Chaucer with illustrations by his Pre-Raphaelite brother, Edward Coley Burne-Jones (1833-1898). This spurred J.M.Dent to issue a rival publication, an edition of Thomas Malory's *Le Morte Darthur*, which, like the works of Chaucer, had first appeared in print in an edition by Caxton, and had become beloved of the Pre-Raphaelites. However, Dent intended to print his edition 'at a fraction of the price by using photo-mechanical reproduction processes for the illustrative material' (Matthew Sturgis, *Aubrey Beardsley: A Biography*, London: Harper Collins, 1998, pages 107-108). To produce that material, he employed the precocious, but then unknown young artist, Aubrey Beardsley (1872-1898), who began by matching the Kelmscott style and ended by parodying it. It appeared in parts between June 1893 and November 1894, while the Kelmscott Chaucer was finally published in 1896.

Le Morte Darthur was a step in the evolution of Beardsley's style, its successor, *Salome* (1894), being the more characteristic, both in his choice of text – Oscar Wilde's Symbolist and, to some minds, decadent play – and the use he made of Oriental motifs in order to respond to it.

As an exponent of Aestheticism, the American painter, James McNeill Whistler might be thought to have been sympathetic to Beardsley. However, in making the statement that 'black and white is summed up in two words – Phil May', Whistler aligned himself with a very different tradition, the cartoonist, PHIL MAY, being earthy, streetwise and redolent of the music hall. It was the similarity between Whistler and Beardsley, in both aesthetic priorities and waspish personalities, which made it difficult for Beardsley to be acknowledged. When he was eventually told by Whistler that he was 'a very great artist', Beardsley broke down in tears.

绘制插画的乔叟作品。为与之竞争，登特随即推出托马斯·马洛里的散文传奇《亚瑟王之死》。这本书与乔叟的作品一样，最初由卡克斯顿出版，深受拉斐尔前派的青睐。不过，登特试图"通过使用摄影技术复制插画原作来降低成本"（马修·斯特奇斯，《奥伯利·比亚兹莱的传记》），为此起用了当时默默无闻却才华横溢的年轻艺术家奥伯利·比亚兹莱绘制插图。比亚兹莱一开始是模仿凯姆斯科特的风格画插画，最后看起来他的作品却充满了戏谑。《亚瑟王之死》于1893年6月至1894年11月陆续面世，而凯姆斯科特版的乔叟作品最终于1896年出版。

《亚瑟王之死》中的插画初次展示了比亚兹莱的独特风格，随后他为《莎乐美》绘制的插画则更凸显他的个性，一是文本的选择——奥斯卡·王尔德的这部作品充满了象征主义，以及某些人所说的颓废主义，二是他选用具有东方色彩的图案来与之相应。

作为唯美主义的代表性人物，美国油画师詹姆斯·惠斯勒曾被认为是比亚兹莱风格的认同者。不过，惠斯勒曾提出"黑色和白色可以归结为两个词——菲尔·曼"，从这样的论断可知，他所倾向的是另外一种不同的、由漫画家菲尔·曼所提倡的朴实、精明、有想象力的画风。比亚兹莱具有和惠斯勒类似的唯美主义倾向和尖锐的个性，这使得比亚兹莱在当时难以得到承认。所以，当惠斯勒最终告诉比亚兹莱，认为他是"一位了不起的艺术家"时，比亚兹莱流下了激动的泪水。

7. 20世纪初在色彩方面的创新

虽然19世纪90年代尚是黑白绘画的天下，但20世纪初彩色绘图开始兴起并逐渐发扬光大。三色、四色印刷摄影方法的完善降低了精细图像的复制成本。A & C Black 从1901年开始出版的彩色地图册系列是新兴技术的最早受益者。而为高档彩印礼品书树立标杆的，是由亚瑟·拉克姆担任插画师，海涅曼出版社于1905年出版的华盛顿·欧文的小说《瑞普·凡·温克尔》。

7. Innovations in Colour in the Early Twentieth Century

While the new technologies of black and white mattered most in the 1890s, the new technologies of colour bore greater fruit in the 1900s. The perfection of the photographic methods of three and four-colour printing enabled the accurate reproduction of sophisticated images at a relatively reasonable cost. While this was initially demonstrated in the largely topographical series of colour-plate books published, from 1901, by A & C Black, it was Heinemann's 1905 edition of Washington Irving's *Rip Van Winkle*, with illustrations by Arthur Rackham, which set the pattern for the luxury gift book.

These solid quarto volumes, containing classic tales of wonder, were beautifully bound and extensively illustrated in colour, with each plate being tipped in to a light card mount and protected by tissue. The gift book was, to all intents and purposes, a fine-art product, and was exploited by commercial galleries, which would habitually exhibit the artwork for the gift books prior to publication. They soon became an essential feature of the Christmas market, encouraging rivalry between publishers, with Heinemann often represented by Rackham, and Hodder & Stoughton by Edmund Dulac and, to a lesser extent, William Heath Robinson. (The last of these was the outstanding cartoonist-illustrator of this period, and he distinguished himself equally in the two graphic fields.)

If the gift book was a format aimed as much at adults as at children, the little volumes containing the enchanting tales of Beatrix Potter (1866-1943) were determinedly child centred. The principles of Potter that text and image should be integrated, and that the size and shape of each volume be tailored to its contents, would eventually prove more influential in the development of the picture book than those that shaped the gift book. Equally groundbreaking was the naturalism of her illustrations, which, though reproduced by the same process as those of the gift books, vied less with easel paintings than with sketchbook studies, and retained something of the spirit of the direct observation of real animals, their behaviour and their habitats.

Potter's characters may be anthropomorphic in that they are animals dressed in clothes, but they live in a world alongside humans rather than standing in for them. In this respect, they are very different from the cats of Louis Wain (1860-1939), which people an ingenuous and entertaining parallel world. Wain used that world to explore many aspects of his own changing society, and adults and children both met it with enthusiastic recognition, when it appeared in the pages of – often cheaply printed – annuals and periodicals.

这套四开本经典童话丛书，装帧精致，彩色插画精美生动，每幅图还有透明纸和软纸双层保护。从各方面来说，礼品书都是一种艺术产品，并且受到商业性艺术展馆关注，通常在出版之前就展出其中的插图。礼品书很快成为圣诞市场上的一大特色，出版商为此展开激烈的竞争。海涅曼出版社作品的插画通常由拉克姆完成；为霍德和斯托顿出版社画插图的是埃德蒙·杜拉克，有时也会由希斯·罗宾逊担任插画师（希斯·罗宾逊是一位杰出的漫画师，他善于描绘那个时代，他的才能和技艺使他在插画界和漫画界都享有盛名）。

如果说礼品书同时面向成年人和儿童市场，那么毕翠克丝·波特的小开本童话系列则完全是为孩子们量身定做。在波特的童话书中，文本和插画浑然一体，每本书的大小、厚度都与内容结合紧密。事实证明，波特所坚持的以上原则对插画书有比礼品书制作原则更深远的影响。波特插画中的自然主义同样具有很大的开创性。尽管复制过程与礼品书相同，但这些插画更像是写生而非成品画作，保留了对自然界中动物行为习惯的直接观察和感受。

虽然波特书中的那些动物角色像人类一样穿衣打扮，但它们有自己独立完整的生活环境，而非生活在人类世界中。从这点来看，波特笔下的那些动物角色与路易斯·韦恩笔下的猫儿们大不相同。韦恩的猫儿们生活在一个与人类世界相似的天真而愉快的世界。韦恩试图以这个世界来探讨他自己所生活的处于变革时期的社会，而当这个世界在那些通常廉价印制的期刊中展现时，成人和儿童一样充满热情地接受了它。

拉克姆、罗宾逊、波特和韦恩的作品代表了"一战"之前英国多样化的插画风格。

结论

崔莹在其书中选取了十位充满个性的插画师，全方位展现了那个年代插画师各自不同的风格特色。这些插画师不仅在他们生活的那个时代以创造

Rackham and Robinson, Potter and Wain together suggest the variety of British illustration on the eve of the First World War.

Conclusion

The ten highly individual figures chosen by Cui Ying exhibit many of the most interesting aspects of the illustrators of this period. In his, or her, own way, each was innovative, successful and influential during their own lives, and have regained in popularity during ours. In Britain and beyond, their work is studied and collected, and at least some of their books have been reprinted. It is to be hoped that the people of China will find them as fascinating and enjoyable.

David Wootton

性获得成功,在当前这个时代亦广为人知。直到今天,英国和世界上其他地区的人们还在继续研究和收集他们的作品,有些作品一再重印。希望中国的读者们也能从中收获乐趣和感动。

戴维·伍顿是英国克里斯·彼特斯画廊(Chris Beetles Gallery)的研究人员和作家。克里斯·彼特斯画廊位于伦敦,是世界上研究英国早期插画和漫画作品的领先艺术机构(网址 www.chrisbeetles.com)。戴维致力于研究19世纪和20世纪英国艺术,著作颇丰,其中包括十九卷的系列图书"插画师:英国的插画艺术"。

British Illustrators

凯特·格林纳威肖像

1

永远生活在童年里

凯特·格林纳威

KATE GREENAWAY

约翰·罗斯金（John Ruskin）是牛津大学历史上第一位美学教授，他敏锐犀利强悍；凯特·格林纳威是童书插画师，她瘦小忸怩沉默，擅长画美好纯真的童年——完全不同的两个人相爱了。约翰建议凯特去大自然，去画海浪，凯特把约翰当作可以信任的师长和爱人，向他汇报自己的收获和进步。约翰向凯特表白："你是孩子和女人的化身，对我而言永远是谜。"

凯特的画笔下永远是夏天：温和的阳光催促苹果树和山楂树开出花蕾，女孩子们穿着系了大蝴蝶结的棉布长裙，戴着嵌满花朵的礼帽，男孩子们穿戴整齐而绅士，大家三五成群，在风和日丽的蓝天下跳绳，玩跷跷板，打羽毛球，荡秋千，捉迷藏，划船，跳舞；年纪大点的姐姐则坐在美丽的花园里优雅地喝着下午茶，空气里弥漫着花香、蛋糕香，一切都是那么宁静而美好。

在凯特生活的年代，第二次工业革命正在英国蔓延，冒黑烟的烟囱越来越多，工业灰尘吞噬着如诗如画的田园景色，无数失地农民从乡村涌入城市，成为贫民区的工人。凯特的画作将孩子们从恐怖的煤矿、轰鸣的机器声中拯救了出来。约翰评价她的画："没有煤气，没有水管，没有吵人的机器，没有缝纫机，没有电线杆！"

凯特一辈子未婚，也没有孩子；而她画作里可爱的乖孩子，却陪伴了英国人、美国人整整一个世纪。

1879年，凯特·格林纳威自写自画的童书《在窗下》出版，这是她创作的第一本插画书，她在世期间，这本书的销量已达十万册，并出版有法语版和德语版。这本书让凯特·格林纳威家喻户晓，并奠定了她在英国插画史上的地位。凯特给一百五十多本图书画了插画，但是她自写自画的只有两本书，除了《在窗下》，另外一本是1885年出版的《万寿菊花园》。凯特画出优美、神奇、充满魔力的童年，她的画中充满英国元素——怀旧的维多利亚裙装，恬美的乡村风光等，尽管有些主题略带忧伤，但是她的画洋溢着温和的幽默，从来不令人反感。关于她画是给孩子还是给成人看的一直存在争论，但是毫无疑问，她简单清新的画作，打动了大人和孩子的心。

凯特画作的最大魅力是完美不真实，然而，她的作品并非凭空想象，而是有现实基础的：她童年玩过的游戏出现在她的作品里，她喜欢的地方和人成为她插画的主题，那些优美的服饰，华贵的帽子，则是她自己设计的。人们很自然地推测，凯特一定有着幸福的童年，一定是备受宠爱的小公主，或是富贵人家的小姐，

对页《穿白裙子的小女孩》

而实际上,她只不过是一个普通家庭里四个孩子中的老二。并且,1846年3月17日,当凯特在伦敦北部出生时,她的家境并不好。凯特的爸爸约翰·格林纳威是自由刻版师,工作不稳定,经常拿不到酬金,但正是他影响了凯特的爱好。从很小的时候开始,凯特就经常拿着笔,模仿爸爸的样子画画。凯特的妈妈手很巧,擅长设计制作服装,经营着一间裁缝店,卖自己制作的童装和女装。1852年,凯特的弟弟出生,对于六岁的凯特而言,这个婴儿就是玩具,凯特一直记得妈妈给弟弟做的各类童装,有些类似的款式还出现在她的插画作品里。凯特一家人在伦敦伊斯灵顿附近住了二十多年,这段日子成为她画作的灵感源泉。

小镇上有很多聚会,但是格林纳威家的姐妹却很少受邀参加,那些肉店、烟草店家的孩子则是聚会的常客。凯特回忆:"我们的房子不够气派,我们也没有做任何能够让他们高看我们的事情。"但这不妨碍凯特和其他小孩子一样兴高采烈。她时常蹲坐在家门口,看来来往往的小伙伴,观察他们的装扮,记住那些好看的蝴蝶带、带花边的帽子;凯特的家从来没有花园,她就跑到别人家的门口看花,记住那些美丽的颜色。每个人都会选择性记忆,有的人记住的是伤感与仇恨,有的人记住的是幸福与快乐,倘若忘记不好的事,只记住美好的事,生活会幸福很多。凯特只记住了美好的东西。大概正因如此——在凯特的画作里,孩子们永远都像是生活在梦境中,生活在阳光下。

幼时的凯特沉默寡言,但她并非是好对付的孩子,她和姐姐都不喜欢读书,上了三星期学后,她们就不肯再踏进校门。妈妈给她和姐姐请了家教,希望她们能有一技之长。家教老师叫黛西,学识很有限,但她会弹钢琴、会讲法语。在黛西的影响下,凯特的姐姐成为钢琴老师,而凯特则熟

《泡沫》

练地掌握了法语。意识到凯特的绘画天赋,家人和她自己的期待都是从事和绘画有关的工作。恰好,凯特的表姐,十六岁的玛丽安·索恩(Marian Thorne)也对绘画感兴趣,两人便一起在附近的芬斯伯里艺术学院上夜校学习艺术。玛丽安不喜欢那里的课程,很早就放弃了,而凯特却如鱼得水,从夜班课程调成白天的课程。在这里学习了六年后,十九岁的凯特又继续到位于伦敦南肯辛顿的中心艺术学校学习。为画好肖像服饰的细节,凯特经常到伦敦的博物馆和艺术馆参考艺术大师的杰作,她学习模仿的对象,包括洛可可艺术代表人、英国学院派画家乔舒亚·雷诺兹(Joshua Reynolds),英国画家托马斯·庚斯博罗(Thomas Gainsborough)和英国肖像画家乔治·罗姆尼(George Romney)等。继承了妈妈的巧手,凯特还经常照着油画里的衣服自制衣服,然后让模特穿上,供她写生。

凯特21岁时,她的第一幅作品发表在童书《幼儿娱乐》里。1868年,凯特举办第一次画展,认识了《人物》主编罗浮,在对方的推荐下,凯特获得设计贺卡的工作机会。凯特设计的一款贺卡销量达到2.5万张,但因一次性将版权卖给出版社,她获得的全部酬金只有三英镑。

父亲为女儿的成就感到欣喜,他给朋友埃德蒙·埃文斯(Edmund Evans)写信,希望对方能给女儿未来的发展提些建议。当时,埃文斯已经是英国出版界的大佬,他提高了英国的彩印技术,并成功打造了两位著名的插画师,沃尔特·克莱恩(Walter Crane)和伦道夫·凯迪克(Randolph J. Caldecott)。埃文斯邀请格林纳威父女到他家做客,瘦瘦小小、腼腆紧张的凯特令他大吃一惊。凯特将自己画的五十多幅作品拿给埃文斯看,他马上意识到这些作品的商业价值,并且,这些画作的层次感强,很适合雕版印刷。美中不足的是,这些插画所配的儿歌晦涩难懂,并有拼写和语法错误。埃文斯希望只买凯特的插画,但没有料到,凯特固执倔强,坚持图文一起出版。

埃文斯不得不妥协,他同意出版这些插画和儿歌,但条件是要经过修改。

埃德蒙·埃文斯委托好友乔治·劳特利奇(George Routledge)出版了凯特的处女作《在窗下》,乔治·劳特利奇就是现在的劳特利奇出版社的创办者。《在窗下》大获成功,首印两万册很快销售一空。不久,在埃文斯的引荐下,凯特认识了一位对她影响至深的朋友——英国诗人弗雷德里克·洛克-兰普森(Frederick Locker-Lampson)。这个富有的中年男人不仅帮助凯特修改儿歌的语法错误,还引领凯特进入艺术家的圈子:他带凯特到私人博物馆看藏品,出席酒会,并教凯特投资。他也教凯特为人处世,当凯特对媒体的恶评感到不解和沮丧时,他劝慰凯特要看清媒体的本质,不要介意那些没有价值的言论。他鼓励凯特:"对评论家的话,你接受一部分就可以,如果他们误解了你的作品,或者故意炫耀自己的小聪明,虽

《在窗下》

然这很令人讨厌,但这也是成功的代价。"他还赞助凯特去乡下拜访艺术界的社会名流。凯特越来越喜欢这个像父亲一样的男人,和他在一起很有安全感。兰普森也给凯特带来一些负面的影响:他建议凯特收集切尔西瓷器,结果,凯特越买越多;他建议凯特有座像样的大房子,过得像个成功的艺术家,于是,凯特花巨款在英国汉普斯特德附近买了一块地,邀请当时英国最优秀的建筑师理查德·肖(Richard Norman Shaw)设计了一座像是娃娃住的房子——这些开支后来给凯特带来很多经济上的压力。

冉冉升起的新星凯特·格林纳威也引起了艺术界大佬约翰·罗斯金的注意。61岁的罗斯金被认为是那个时代最伟大的艺术评论家,他的著作《现代画家》《建筑的七盏明灯》和《威尼斯之石》让他的影响越来越大,并且,是他肯定了威廉·透纳晚年的艺术成就,对诋毁透纳的人进行有力反击;在拉斐尔前派的命运岌岌可危时,也是他鼎力支持,这群年轻的艺术家的命运才出现转机。但这位声名显赫、在艺术界能够呼风唤雨的大腕,却成为了比他小27岁的凯特·格林纳威的拥趸。

1880年1月,罗斯金第一次给凯特写信,赞美凯特的才华:"你画的不能再美了,像是捕捉住了我的梦。"他还告诉她,他一晚上都没有睡好,一直在冥思苦想要跟她说的话。这封信令凯特感到惊喜,也有些忐忑不安,因为她知道罗斯金的一句话可能会令某人名声扫地;关于对方犀利刁钻的脾气,她更是有所耳闻。凯特把自己的新作邮寄给罗斯金,期待他的点评,她还特意为罗斯金手绘了生日卡和圣诞卡:生日卡中,五个可爱的女孩手牵手,环绕着吐着蓓蕾的樱花树,舞蹈歌唱;圣诞卡中,三位身着华美裙袍的小女孩手捧鲜花,正献给亲朋好友。

两人做了三年"笔友"后,1882年圣诞节前,罗斯金给凯特写来一封

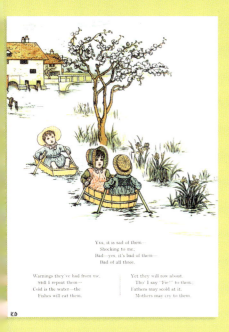

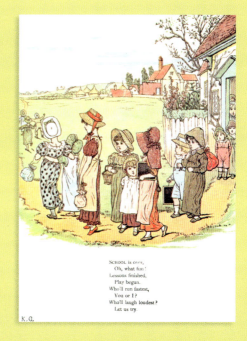

《在窗下》　　　　　　　　凯特·格林纳威：永远生活在童年里　　　　KATE GREENAWAY

热情洋溢的信，希望能够尽快见到她。两人第一次见面，没有争辩，没有高谈阔论，只是分享各自童年的经历和美好的记忆。回到各自的生活后，两人更频繁地书信往来，在信中，罗斯金对凯特的称呼越来越亲近，从"亲爱的·格林纳威小姐"到"我亲爱的凯特"，到"最亲爱的凯特"，并在结尾署名"永远是你的约翰·罗斯金"。约翰·罗斯金爱上了这个瘦弱倔强才华横溢的精灵女子。

爱情是美好的，更是甜蜜的毒药。在爱人面前越来越失去自己的原则，这似乎是所有恋爱中的女人的宿命。凯特对罗斯金的建议言听计从，她的创作和生活越来越被他主宰。罗斯金主张艺术创作要回归自然，认为应该把真实放在第一位，只有具备了真实性才谈得上美，他不排斥艺术家的想象，但是他指出想象应该建立在尊重事实的基础上。并且，罗斯金认为插图绘画是很浅薄很边缘的艺术形式，要想成为真正的艺术家，凯特必须立足于更高的艺术形式，比如画水彩画或者油画。罗斯金建议凯特接近大自然，他带她去山谷里散步，建议她画自然界里的树叶、花草和山石，他在信里叮嘱她："我希望你能尝试画渔妇和蹚水的孩子，我希望你能画出大海的蓝色，画出孩子们赤脚跑步的节奏。"凯特接受罗斯金的建议，尝试新的绘画形式，并无时不期待着对方的求婚。

曾给凯特带来无限关爱的英国诗人兰普森不得不靠边站。选择罗斯金，对凯特而言，很可能是灾难，这意味着，凯特要放弃她所熟悉、擅长的东西。兰普森对凯特的状况很担忧，但又无能为力。兰普森很想告诉她罗斯金是怎样的人——他已经有精神错乱的迹象，他因丑闻离婚，关于他和不同的小女孩恋爱的传闻早已沸沸扬扬……凯特的好友、艺术家斯特西·马克斯（Stacy Marks）也劝诫凯特："你有你的风格，应该尽力去发扬这样的风格；

1885年，凯特到罗斯金家做客，画的岩石和常春藤

凯特画的水彩画玫瑰

那么多人喜欢你的设计，为你着迷，可又有多少人能买得起你的水彩画呢？你有特殊的天赋，你的职责是尽量发挥这些天赋。"出版家埃德蒙·埃文

斯也劝说凯特继续画插画。凯特在两个值得信任的男人之间纠结，她的理智倾向于埃文斯，因为对方是自己的伯乐；但是，她的内心早已属于罗斯金。

凯特希望能够两者兼顾，在努力学水彩画的同时，她继续画插画。1884年，她的插画书《花语》出版，显示了她非凡的画花的才能，罗斯金对这本书的评价是："你和你的出版商都是鹅吗（暗示两人都很愚蠢）？" 1885年，凯特的插画书《万寿菊花园》出版，罗斯金认为这本书是垃圾。他也不喜欢在同一年出版的《凯特·格林纳威的字母书》。此时，最令凯特迷惑沮丧的是越来越没有归宿感的爱情。1885年，凯特去罗斯金家做客，罗斯金突然精神错乱，受了惊吓的凯特不得不离开，她别无选择，

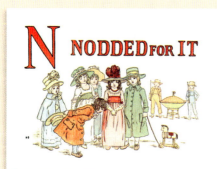
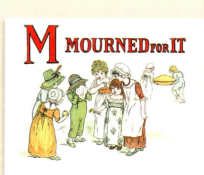

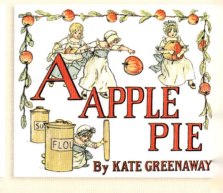

《凯特·格林纳威的字母书》

THE FOUR PRINCESSES.

Four Princesses lived in a Green Tower—
　A Bright Green Tower in the middle of the
　　sea;
And no one could think—oh, no one could
　　think—
　　Who the Four Princesses could be.

One looked to the North, and one to the South,
　And one to the East, and one to the West;
They were all so pretty, so very pretty,
　You could not tell which was the prettiest.

THE CATS HAVE COME TO TEA.

TO MYSTERY LAND.

Oh, dear, how will it end?
Peggy and Susie how naughty
　you are.
You little know where you are,
Going so far, and so high,
Nearly up to the sky.
Perhaps it's a Giant who
　lives there,
And perhaps it's a lovely
　Princess.
But you very well know
You've no business to go;
You'll get yourselves into a mess.

Oh, dear, I'm sure it is true:
Whatever on earth can it matter
　　to you?
For you know it—oh, fie—
That it's naughty to pry
Into other's affairs—
Into other folks' houses to go,
Where you know
You're not asked.
So you'd better come back
While there's time, it is plain.
Go home—and be never
So naughty again.

WHEN YOU AND I GROW UP.

When you and I
Grow up—Polly—
　I mean that you and me,
Shall go sailing in a big ship
　Right over all the sea.
We'll wait till we are older,
　For if we went to-day,
You know that we might lose ourselves,
　And never find the way.

《万寿菊花园》

只能耐心等待对方的病情好转。1888年春，凯特又去看望罗斯金，结果罗斯金再次犯病，他的表妹埋怨凯特刺激了他，喝令凯特不要再来。

凯特黯然神伤，但是她打起精神，像是什么事情都没有发生，继续给罗斯金写热情洋溢的信。她通常把信纸平铺在桌子上，想起来就写。她告诉他在博物馆、艺术馆看到的作品，她正在读的书，她的模特说的傻话；她也写自己想做的事情，她画水彩画的沮丧，或者逐渐从中获得的乐趣……等这张纸写满了，凯特会在信尾画上和信的内容有关的图画，比如小狗咬了贵妇人的衣角，小女孩坐在海边礁石上凝望等。然后她把这封信邮寄出，再开始新的一页信纸。

同时，凯特听从罗斯金的建议，转向创作水彩画。她和当时英国皇家水彩协会的第一位女会员、英国水彩画家海伦·阿林厄姆（Helen Allingham）相识，并受对方启发，开始画一些乡下的小屋子。两人成为好朋友，一起到乡下写生，从不同角度画同一座房子。海伦喜欢在小屋门前画上皮肤黝黑的妈妈，妈妈怀抱着孩子；凯特喜欢将屋前画满花草，小朋友们在那里玩耍。但是凯特的水彩画并没有受到人们的追捧。与此同时，

凯特模仿海伦·阿林厄姆画的乡下的小屋子

凯特模仿海伦·阿林厄姆画的乡下的小屋子

凯特的经济状况也越来越糟糕，为了赡养父母，维持大房子的开支，凯特想尽一切方式挣钱：她画小孩的肖像、画油画，她和朋友讨论开服装店，甚至尝试写剧本赚钱……生活，举步维艰。

1900年1月，约翰·罗斯金去世，凯特这才肯接受现实：他们再也不可能在一起了，但是她一直相信，罗斯金对她的感情是真的。至此，罗斯金给凯特写了五百多封信——

*1881*年："亲爱的凯特小姐，你是我今晨第一个写信的朋友，也是为数不多的同情我，能够让我信任的人。"

*1883*年："我无话可说，只想告诉你，你的画太棒了！没有人能够画得如此优美，如此绝妙，无可挑剔！"

*1884*年："褐色只是用来画真正的土地，就是生长植物的地方，或者黑褐色的树叶，不适合用来画影子。"

*1885*年："常春藤很漂亮，你一定是下了功夫去画，但是颜色毫无生气，并且叶子太亮了。如果你能够养成从大自然学习画画的习惯，你一定可以受益匪浅。"

*1889*年："等你看完所有的展览，带着你适合乡下生活的衣服，暂时离开你伦敦的快乐生活，来我这里亲近大自然，一定要来！不久，这里的玫瑰花就会盛开，龙胆花和风信子也会出现在你的眼前。我希望你尽快来！"

1889 年 5 月 14 日，约翰·罗斯金给凯特写了最后一封信："我很开心你正在自学法语，这该是你最幸福的爱好了，我希望有一天，尽管我已经老了，可以看到你画法国的小孩子，听他们叽叽喳喳。"

凯特写给约翰·罗斯金 1500 封回信。

1896 年："我想知道你是否看过奥伯利·比亚兹莱的作品，你如何评价他？很多人认为他的风格很现代，当我说了自己的观点时，他们告诉我，我不代表现代……你可以尝试去一个新的国家，站在一棵大苹果树下，透过一簇簇的白色的苹果花看蓝天。"

1897 年："我现在很喜欢看《尼古拉斯·尼克贝》，这么多人喜欢狄更斯，但是我觉得这样的局面快改变了。"

1898 年："我多么希望我不用再挣钱，我希望我可以努力做别的工作，那样我可以更自由地做自己喜欢的事情。"

1899 年："现在，我的油画水平提高了，那些应该鲜亮的地方鲜亮了起来，不再苍白；我越来越喜欢画油画，就是希望模特话少些。"

1899 年："我去了泰特艺术馆，但是我不太喜欢这家艺术馆——很美丽，但是有点像是坟墓。我最喜欢的画家约翰·米莱斯的画《奥菲丽娅》挂在这里，看起来一般。"

斗转星移，物是人非。二十年，两千多封通信。凯特和罗斯金的爱情依然可以在这些信中找到踪迹。其中，在整整十一年的时间里，在罗斯金没有回复的情况下，凯特给他写了无数的信。这令人不解又可以理解——凯特希望这些信可以给他带去一些慰藉和乐趣，要他不那么孤独和落寞，在凯特心中，约翰·罗斯金是唯一能够懂她的人。即使两人的爱情戛然中止，她还会一如既往地痴情。

关于约翰·罗斯金和凯特之间的感情是爱情还是友情，英国艺术界一直存在争议，一些学者用"温暖的友谊""持久的友谊""特殊的友谊"来描述两人的关系。我不知道那时候写一封信需要多长时间，倘若你每天都在想念一个人，每天都想跟他讲话，每天花很多时间在他身上……那你的心里一定是有这个人的。我想，凯特和罗斯金之间更像是一种精神恋爱——这样的爱恋，让人忘记年龄，忘记世俗，能够持久地爱慕，直到生命的终点。在罗斯金离世后不久，1901年11月6日，凯特因乳腺癌去世。此时，凯特55岁，一辈子未婚。

References

· Spielmann, Marion Harry (1905) *Kate Greenaway*, A. and C. Black, London.
· Ernest, Edward (1968) *The Kate Greenaway Treasury : An Anthology of the Illustrations and Writing of Kate Greenaway*, Collins，Glasgow.
· Holme, Bryan (1976) *The Kate Greenaway Book*, Viking Press, New York.
· Taylor, Ina (1991) *The Art of Kate Greenaway: A Nostalgic Portrait of Childhood*，Webb & Bower Publishers Limited, Exeter.
· Greenaway, Kate (2000) *A Treasury of Kate Greenaway*，Robert Frederick Publishers, Bath.
· Silver, Anya Krugovoy (2000)" A Caught Dream: John Ruskin, Kate Greenaway, and the Erotic Innocent Girl", *Children's Literature Association Quarterly*, Vol. 25, Issue 1. pp. 37-44.

《哈梅林的魔笛手》

希斯·罗宾逊肖像

2 画异想天开的玩意儿

希斯·罗宾逊

HEATH ROBINSON

原本简单的任务，通过复杂的机械组合以迂回曲折的方法来完成，每个步骤环环相扣，物尽其用，人尽其能，完美地达成预期。这些复杂精密、异想天开、华而不实的装置被称为"希斯·罗宾逊的装置"（Heath Robinson Contraption）。

1912年，希斯·罗宾逊的名字被载入史册——《牛津英语词典》对Heath Robinson这个短语的解释是"奇妙，荒谬，过于复杂"。今天，几乎所有英国人都知道这个短语，虽然可能不知道它从何而来。

"一战"期间，"希斯·罗宾逊的装置"功不可没：这些纸上谈兵成为英国士兵和民众对付战争恐怖的解药。当时，德军到处宣扬自己的强大，傲慢自负，盛气凌人，但希斯却从这些宣传中获得启发，创作出一系列战争主题的作品：德军自诩的先进武器，其实是吸英军大衣扣子的磁铁；德军的风筝飞到英军基地，风筝上挂着用蜡烛加热的水壶……这些作品中没有仇恨，没有恶意，只是充满讽刺和幽默。战争残酷而无情，希斯的幽默是一味慰藉，鼓舞着英军的斗志。

没人知道希斯的幽默和睿智来自何处，希斯在自传《我的生命线》中说，"我的故事平淡无奇"。他出身艺术世家，两个哥哥也是画师，他有着幸福的童年，美好的婚姻。希斯很少透露自己的内心——他仿佛只是站在自己的作品旁，悄悄地看着大家捧腹大笑。

1872年5月31日,希斯·罗宾逊在伦敦出生,爷爷是雕版印刷师,爸爸是英国《一便士画报》的插画总监,妈妈是酒吧老板的女儿。在七个兄弟姐妹中,希斯排行第三,后来,他和两个哥哥都成为插画师。

爸爸有稳定的工作,有兄弟姐妹的陪伴,希斯度过了一个幸福快乐的童年。他在自传书《我的生命线》中回忆,周日,所有的孩子都围绕在爸爸的旁边,看爸爸画插图。希斯很喜欢读书,他和家人经常从位于伦敦霍尼韦尔街的二手书店买书。他很小的时候就不怎么爱看童书了,而喜欢看一些冒险的书,比如《鲁滨孙漂流记》,或者英国文豪沃尔特·司各特创作的那些关于中世纪苏格兰国王和骑士冒险的小说。希斯从小就对那些复杂的装置和设备情有独钟,当哥哥们喜欢收集贝壳时,他最钟爱的是玩战斗机和攻城坦克。希斯的父亲鼓励孩子们动手动脑,于是希斯和兄弟姐妹们经常把家里当成舞台,一起设计舞台道具,表演自编的话剧。希斯最喜欢的户外活动是和两个哥哥一起暴走,他们经常朝着一个方向,或者沿着一条街,一直向前走。有一次,他们一

对页《远程指导登山课程》

直向北，朝着苏格兰的方向，走到了天黑。无拘无束行走的时候也是希斯在天马行空地想象的时候，他写道："大概是这些富有想象力的经历，为我成年后创作富有想象力的作品，打下了根基。"

让希斯对机械装置彻底着迷的是他的物理老师。十一岁的希斯对一位教电和磁的女老师印象最深，他记得这位女老师预言：以后发电报不需要电线。学校实验室里的那些蒸馏瓶、广口瓶、电池、磁铁等器皿和仪器也令希斯爱不释手。

最初，希斯在离家不远的一所很小的艺术学校学习绘画，后来，他申请到英国最好的艺术院校——皇家艺术学院学习。能进入这家院校学习并非一帆风顺，他第一次申请并没有成功，直到1892年1月，第二次申请时，他才被该学院接受。但是希斯一点儿都不珍惜来之不易的学习机会，他经常旷课，也很少参加学校的各类活动。他特立独行，多数时间待在家里独自画画。他也不喜欢旅行，那个时期，19世纪80年代，新艺术运动正在欧洲如火如荼地展开，印象派绘画也达到了鼎盛时期，希斯的很多同龄朋友都早已去过巴黎、比利时，去了解这些革新和变化，但是他连英格兰都没有离开过。他第一次离开英格兰是在1918年，他46岁的时候。

希斯并不认为正规艺术学院的学习让他收获很多，他抱怨，这些按部就班的学习比如临摹古董，导致他后来的作品里，很多人像都有又长又直的鼻子，很短的上唇——这些都是欧洲古典雕像中的特征。

1897年1月，希斯的学生证到期，不得不自力更生。因为爸爸的推荐，没费多大工夫，希斯的插画作品就被《星期日杂志》和《小伙计》杂志刊用。当时，他有几个选择——画人物肖像，为教堂画装饰画，设计剧院的舞台背景，做图书插画师和风景画师。希斯最想成为的是风景画师，但是却屡

《守护人》插图《爱鸟的"菊花阿姨"》

屡碰壁。最实际的出路是和哥哥们一样做图书插画师,这也是希斯所擅长的。

为罗伯特·史蒂文森(Robert Louis Stevenson)《儿童诗园》画的插图让希斯在插画界有了一席之地,这本书被重印了好几次。一本名叫《工作室》的插画杂志也发现了希斯的艺术才能,刊登文章推荐他。当时,印度的民间传说在英国很受欢迎,希斯先后给印度传说《巨大的螃蟹》《罗摩和猴子》

和《罗摩衍那》画了插图。在《巨大的螃蟹》中，他使用圆形框架画其中的插图，给这本书设计的封面也带着新艺术的气息。

希斯为拉迪亚德·吉卜林的童书《三层甲板船》画的插图

1925年12月，希斯为《圣叶》杂志画的插图《仙女的生日》

《圣诞节的丑闻》

希斯为《纳什》杂志圣诞节专刊设计的封面

希斯也和哥哥们合作。1899年9月，受登特出版社的邀请，他们兄弟三人一起为《安徒生童话》画插图。当时在登特出版社工作的弗兰克·斯温纳顿（Frank Swinnerton）回忆："他们三人像是三剑客，汤姆瘦小稳重，查尔斯轻松而自信，希斯·罗宾逊比较瘦，比他的两个哥哥要高，他穿着大衣，扣子都扣得整整齐齐。"三兄弟各自为这本书画了三四十幅插图，虽然插图完全手绘，但是效果很像是雕版印刷。这本书获得成功，到1939年，已经再版了十四次。之后，希斯为阿拉伯民间故事集《一千零一夜》画插图，他利用这个机会，继续尝试自己的风格，比如在插图中，用小说的视角再现场景，借用装饰元素丰富画面等。

希斯的画作很细腻，也很有逻辑，但是他的工作室很乱，到处都堆得满满的，放不下更多的东西。有人认为，只有身处较凌乱的环境中，人们的思路才会更敏锐，效率才会提高，希斯完全可以成为这类人的代表。他不拘小节，朋友开玩笑说，最好不要借书给他，因为无论什么样的书，要他归还的时候，不是找不到，就是书已经被撕坏。希斯很热情，但他极有可能会从他的抽屉里翻出不知道放了多久的蛋糕招待客人。工作时，他精力集中，即使有朋友来访也不会受太多影响，可以边画画，边和对方讲话。他对自己的衣着也不讲究，去正式场合吃饭时常常忘记穿正装的裤子，但他会马上自我解嘲："没关系，因为我的腿会一直放在桌子下面嘛！"

除了埋头苦画，希斯也有雄心壮志。1899年年底，他毛遂自荐为拜伦的长篇叙述诗《恰尔德·哈罗尔德游记》画插图，但是没有获得认可，出版社建议希斯为知名度小一些的作品画插图。于是，他提出为美国诗人爱伦·坡的诗集画插图，并获得许可。在这本插画诗集中，受插画师奥伯利·比亚兹莱的影响，希斯注重插画内容和装饰元素的结合，除了再现文字叙述的场景，他发挥自己的想象，对插图进行了很多的装饰。爱伦·坡的诗歌集出版后，希斯感觉意犹未尽，又希望为但丁的诗集画插图。1901年1月7日，他写信给出版商爱德华·贝尔（Edward Bell）："我最近在读您借给我的《但丁诗集》，我太想为这本诗集画插图了。从给爱伦·坡诗集画插图的过程中，我学到很多，我感到我现在更能胜任这一类的工作。"可能因为但丁的名气太大，也可能因为爱伦·坡诗集的插图版销量并不好，希斯的请求被拒绝了。

希斯的插图一直不温不火，但在他30岁时，他画"奇特装置"的天赋初显出来。1902年10月，由希斯自编自画的插图书《鲁宾叔叔历险记》出版。这本书讲的是鲁宾叔叔如何坚持寻找被大鸟叼走的外甥彼得的故事，也是希斯送给外甥的圣诞礼物。他花了很多心思设计这本书：首个字母是红色的大写字母，文字部分的排版呈现出倒金字塔形状或"T"字形。书中充满了想象，比如鲁宾叔叔到深海里寻找彼得，遇到一群来自海底世界的小海人。一个小海人告诉鲁宾叔叔，他和同学们都不能去上学，因为一条突现的大鱼把学校的老师都吃掉了。小海人的头发都竖着，并随着海流起伏。鲁宾叔叔修建了一艘叫凤凰的飞艇，一条叫海怪的船和一艘潜水艇；他穿着17世纪日耳曼旅行者的服装，背着剑，使用老式的大口径短炮；他经常出丑，经常失望，但从不会放弃。书中有一个情节是鲁宾叔叔把撑开的伞倒置过来，划着"伞船"逃离洪水，这给后来的童书《小熊维尼系列故事》很多启发，小熊维尼也是用这样的方式逃命的。在自传《我的生命线》中，希斯称鲁宾叔叔是"奇怪的小天才"，他甚至可以借助一根绳子做出人意料的事情。这本书里的冒险和科幻，让孩子们眼前一亮，尤其是书中无处不在的幽默，常常令孩子们捧腹大笑。

《鲁宾叔叔历险记》

《鲁宾叔叔历险记》很受欢迎，出版三个月就卖了 2000 本，这本书不仅令希斯·罗宾逊名声大震，并且，这本书的收入给了他足够的信心建立家庭。1903 年，31 岁的希斯·罗宾逊和《一便士画报》主编约翰·莱蒂（John Latey）的女儿约瑟芬·莱蒂（Josephine Latey）结婚。两人的爸爸是杂志社的同事，他们也因此相识。约瑟芬一头长发，安静而美丽，受过良好的教育，希斯的自信和从容吸引着她，约瑟芬评价希斯："他从来都是胸有成竹的样子。"婚后第二年，他们有了一个女儿；1908 年 4 月，他们的第一个儿子出生；1909 年 10 月，他们的第二个儿子出生。他们的儿子回忆："爸爸总是很擅长编故事讲给我们听，让我们快乐。"

　　希斯创作的插图也越来越具有个人风格。和同时代的插图画家相比，他的作品中包含更多的原创元素，比如他为莎士比亚的浪漫喜剧《十二夜》画的插图，传递的是一种氛围，而不是剧中发生的情节。希斯并不推崇当时插画家的通常理念——他们所画的像是舞台剧的画面，读者看插图像是在看剧院里的演出。1910 年，希斯自编自画的童书《守护人》出版，这本书讲的是一个叫比尔的保姆的故事。比尔既是保姆，也是英雄，偶然发现特洛伊的国王在草垛上睡觉后，跟国王返回他的王国，帮他赢回王冠。返回王国的途中遇到各种各样的人，包括古代的水手、三胞胎、野人和迷路的水果商等，他们讲完各自的悲伤命运后，加入国王的队伍。这本书很成功，书中出现的尘土堆、木材储藏室、铁皮煤油炉和怪鸟，都成为希斯后来创作的古怪的"机器和装置"的素材。

　　在接受一家印度报纸采访时，希斯·罗宾逊表示："插图工作者总是试图从文字中寻找灵感，而不是从作者想要表达的主旨去创作——我从来不给某段话画插图。我很独立，我坚持自己的路。画鲁宾叔叔让我获得了

很多乐趣,我认为,是语言配合插图,而不是插图配合语言。我的很多插图作品都是这样创作的。"

1913年,希斯为莎士比亚的经典剧本《仲夏夜之梦》画了插图。在这本书中,希斯借鉴了更多奥伯利·比亚兹莱的技法,尤其是他创办的杂志《萨伏伊》的风格,比如,在作品中画了大量装饰性的树叶,很细密的花簇——这些元素给画作带来层次感和神秘感。这本书出版于1914年10月,希斯认为这本书是他的杰作。但此时,因为第一次世界大战爆发,人们对礼品书的需求越来越少,尤其是奢华的艺术类书籍更没有了市场,希斯精心绘制的莎翁剧插图版少人问津。

当上帝给你关上一扇门时,一定会为你开启另一扇窗。希斯为插画周报《素描》画的一组名叫"每天"的漫画很受欢迎。这组漫画的主题是德军如何秘密进攻英国,以及英军用怎样五花八门的方式对付德军的入侵。

《汤米突然和敌人相遇,他不知所措》

希斯异想天开、幽默风趣的才能在书中淋漓尽致地展现出来：他画英国士兵辛辛苦苦地挖地道，地道挖到德军营地，不是去埋炸弹，而是偷人家的啤酒；他画德军的先进武器不是机枪大炮，而是能吸走英军衣服扣子的磁铁；他画德军强火力发射过来的，是让英军大笑不止的烟幕弹。这些作品讽刺了德军的傲慢与自信，缓解了战争给人们带来的恐惧和忧郁。

这些漫画的精彩在于其独树一帜的创意，荒谬也在于独特的创意。在希斯的代表画作《热烫机》中，天空布满了德军放飞来的风筝，这些风筝自己在空中飞，不需要绳线牵引；尽管每个水壶的容量有限，用蜡烛加热

《热烫机》

《吸扣子的磁铁》

的做法几近疯狂，但是在画中，热水可以马上被加热，并源源不断地流出来。那边的英军也不示弱，早已撑着伞抵抗。在他的作品《冻疮病毒》中，德军挖隧道到达英军驻扎地，他们随身带着针管，将冻疮病毒注入英兵的脚底，让英兵脚上生冻疮，无法继续作战。这样的想法貌似可行，却很荒唐。这些有趣的漫画，让人们在莞尔一笑中，不再惧怕可怕的战争。

希斯还为士兵们设计圣诞贺卡。1915年,他为英国第三部队设计了圣诞卡,贺卡上写道:"圣诞夜,我们可能会碰到的圣诞老人。"画中,一名穿着圣诞老人衣服的德国士兵,背着炸药,鬼鬼祟祟地潜入英军驻地,将炸弹放进正在睡觉的英国士兵的袜子里。这张卡片很受士兵们的喜欢,被印刷了三万张。1918年,他又为英国第十九部队设计了圣诞卡。画中,插着蝴蝶形状的翅膀的英兵从天而降,让正在吃圣诞大餐的德兵大吃一惊。

希斯收到来自士兵、普通民众的信件,这些信件有的向他致谢,有的向他讨要作品装饰家里的墙壁,更多的读者写信和他一起天马行空想象德军可能的进攻方式,以及英军如何抵抗。来自前线的士兵写道:"亲爱的希斯·罗宾逊,你的发明创造能为战争的胜利起到决定性的作用,你能够为我们描绘出如何将抛锚的装甲车从战壕里拖出来的场景吗?如何快速高效地将子弹从装甲车上卸下来?"皇家飞机制造厂来信告诉希斯,他们制造的一座航空发动机打算用他的名字命名。希斯·罗宾逊把和"一战"有关的作品结集,出版了《圣洁的匈奴:德国人的道德观》。

1915年,希斯为英国第三部队设计的圣诞卡

1918年,希斯为英国第十九部队设计的圣诞卡

第一次世界大战结束后,希斯继续沿袭这种奇思异想,将复杂的装置和不动声色的幽默带进关于日常生活的漫画创作。他的一幅作品画的是"在不打搅楼下邻居的情况下,如何享受BBC播出的萨瓦伊·奥菲的舞乐"。画面中,二十多人正踩在厚厚的床垫上,每个人的脚上都捆绑着海绵,或戴着鞋套,房间中央的吊灯处探出来很多缆线,缆线连着耳机,每个人都戴着耳机翩翩起舞,楼下的邻居正在酣睡。希斯用风趣的画面提醒大家要做文明市民。他在1921年绘制的广告画《太妃糖小镇的半个小时》描绘

《如何享受BBC播出的萨瓦伊·奥菲的舞乐而不打搅楼下的邻居》

的是麦金托什太妃糖诞生的过程：人们用鼓风机把糖果吹干，小朋友被雇来数糖，他们的旁边站着持枪的监工。工厂如何测试太妃糖的质量呢？先把小朋友暴打一顿，然后给他一颗太妃糖吃，看他微笑的程度。这幅作品将先苦后甜的原理用在制造糖果的过程中，仿佛再合适不过了。人们喜欢希斯的作品正是因为这些作品和现实生活息息相关，看着可行，然而，因为荒唐可笑，谁也不会将这些发明创造付诸实践。

"太妃糖的诞生记"很成功，越来越多的厂家邀请希斯去画他们的生产流程，为他们设计好玩的广告。原本就对机械零件感兴趣的希斯更开心了："熟悉了制作流程，我就可以更有效地嘲笑这些流程。"借着这些机会，希斯去了煤矿、炼钢厂、面包房、造纸厂、啤酒酿造厂等。时常，面对正在运行的机器，希斯突然灵感大发，嚷道："我可以改善一下这个环节！"但他的改善只限于在纸上。

"希斯·罗宾逊的装置"越来越有名，通常，组成这些装置所需要的零件包括废弃的木头、绳子、足球胆、陈旧的钢板、被淘汰的钉子……仿佛是机械师后院里堆着的杂物。这些装置的另一个特点是大部分环节由人工完成。比如在他的作品《怎样给火柴加磷》中，由人工把火柴依次绑在大转轮上，由人工摇车轮，由人工用鱼身上的鳞给火柴加磷，再由人工把火柴从车轮上取下，装进火柴盒里。这套装置一环扣一环，运转有序，然而整个工序要由七人完成！谁会愿意购买这样的专利呢？

"希斯·罗宾逊的装置"这个短语被收入词典。《牛津英语词典》对这个短语的解释是,"奇妙,荒谬,过于复杂"。实际上,像希斯这样构思作画的艺术家不止他一个,比如美国的鲁布·戈德堡(Rube Goldberg)和丹麦的罗伯特·彼得森(Robert Storm Petersen)等。他们都用复杂的办法完成简单的事情,他们发明设计的机械,运作复杂费时,整个过程给人荒谬、滑稽的感觉,但是同时,整个工序必须计算精确,令机械的每个部件都能够准确发挥功用,否则,很有可能导致原定的任务无法完成。

《爆竹厂加班应对圣诞节需求》

1939 年,第二次世界大战爆发,六十多岁的希斯又开始创作战争题材的漫画,用来鼓舞士气,为伤痕累累的民众疗伤。他画如何借助一些发明创造获胜,他画如何减少敌方空袭带来的危害。位于英国布莱切利公园的密码解密专家还将他们设计的一台机器命名为"希斯·罗宾逊"。这台机器包括很多卷轴和线轴,机器运行时,必须将这些轴线对齐——像极了"希斯·罗宾逊的装置",它比世界上第一台电子计算机"巨人"还要早。

希斯也早早预见了英军的成功。他的一幅作品描绘的是战争胜利后如何公平分配战利

《在布德湖炸金枪鱼》

品：战利品被标上号，每个人被蒙上眼睛摸号，获得号码所对应的战利品。但遗憾的是，希斯没能看到"二战"胜利的那一天。1944年9月13日，他因心脏衰竭去世，永远离开了妻子和五个孩子。

希斯·罗宾逊曾评价自己的作品："这些画之所以成功，不仅要归功于异想天开的机器和装置以及那些异想天开的情景，也要归功于画的风格；这些机器和装置表明艺术家对他所画的内容有百分之百的自信，他自己并不觉得可笑，实际上，他本人也成了笑话的一部分。"

饱含幽默和讥讽的希斯·罗宾逊作品被认为是对付愁闷和抑郁的独特方式，而他本人的消遣方式却是画风景画，只有画风景画的时刻才是他最放松的时刻。成为风景画师是希斯最初的愿望，也是他始终未实现的愿望。阴差阳错，他成了著名的插画师和漫画家，并被载入史册。显然，希斯·罗宾逊是成功的，但是，他所实现的梦想并非是他真正想实现的梦想，于是，他在自传《我的生命线》中写道："我的故事平淡无奇。"

References

· Lewis, John (1973) *Heath Robinson: Artist and Comic Genius*, Constable and Company Limited, London.
· Robinson, Heath (1973) *Heath Robinson Inventions*, Gerald Duckworth & Co. Ltd., London.
· Hamilton, James (1992) *William Heath Robinson*, Pavilion Books Limited, London.
· Beare, Geoffrey (2003) *The Art of Heath Robinson*, Dulwich Picture Gallery, London.
· Robinson, Heath & Beare, Geoffrey (2007) *Heath Robinson Contraptions*, Gerald Duckworth & Co. Ltd., London.

《避免在任何战场被抓的训练方式》

路易斯·韦恩肖像

3

画猫的男人

路易斯·韦恩

Louis Wain

穿着苏格兰裙的猫小伙们正打着高尔夫,球棒下站着一只毫无怯意地在宣讲的小老鼠;猫女郎们站成一排,织毛衣的、读报的、窃笑的,各自心事重重;猫教授慷慨激昂地对着猫公民演讲,一名不耐烦的猫听众跷着二郎腿,叼着烟卷……路易斯·韦恩笔下的猫,有个性,有脾气,有棱角,展现的是同人类世界一样复杂的猫的世界。

路易斯的一生坎坷:身有残疾,父亲早逝,恋爱不顺,婚后三年爱妻去世;"一战"后,因纸张匮乏,没人再需要他的画,他穷得连水电费都交不起;他被送进精神病院,卖画钱被妹妹们拿走……

虽身处困境,但路易斯从未停止对猫的爱。须知,在那个时代,人们多以狗为宠物,猫被认为"低狗一等",路易斯的画作渲染了猫的乖巧可爱和灵性,让人们爱上了猫。

相传,北宋画家李公麟画满川花马,"放笔而马殂矣",马的精魄都被李公麟的画笔夺去了。一位高僧劝李公麟别太沉迷,否则来世恐会投胎为马,因为"同类相感"。若真如此,路易斯大概早已投生为一只不需要养家糊口,不需要惦记着还债的自由自在的猫了吧。

1860年8月5日，路易斯·韦恩出生于伦敦，他的爸爸从事和纺织业有关的工作，妈妈设计地毯的图案。很不幸的是，路易斯天生兔唇，在医生的建议下，他十岁才开始上学——这样就不容易被比他年纪小的同学嘲笑欺负。成年后，路易斯·韦恩开始留络腮胡，可以用胡子遮掩天生的缺陷。他有五个妹妹，是家里的老大，他不喜欢学习，经常在学校打架。他最大的乐趣是去听理工科的讲座；他喜欢码头，喜欢船，并对工厂和机械着迷。年纪稍微大点时，他开始对政治感兴趣，并参加时政讨论。他仿佛意识到上学的重要性，也不逃课了，突然变成了好学生。路易斯·韦恩十六岁的时候，成为圣约瑟夫学院的学生。

路易斯回忆童年："小时候，我对音乐、绘画、写作和化学都很感兴趣，我从未计划成为艺术家。"实际上，他当时最喜欢的是音乐，他甚至创作了一部歌剧，并邀请他崇拜的演员亨利·伍德（Henry Wood）爵士出演其中的角色。学音乐的同时，路易斯开始画画，原因很简单，绘画能给他带来收入。他认为，"做画家要比

对页《戴单片眼镜的猫》

做音乐家容易得多"。最终,路易斯不得不放弃音乐,全心画画,是因为父亲威廉·韦恩得了肝硬化,帮母亲抚养五个妹妹的责任落在了儿子身上。靠着家里微薄的存款和一家人的省吃俭用,路易斯读完西伦敦艺术学院,随后在那里谋得教职。

也许是因为天生兔唇,路易斯性格古怪,不喜欢和人交流。他也不喜欢当老师,隐隐厌恶这份工作,觉得教书除了能挣钱,自己毫无收获。他不甘心就此平平淡淡过一生。于是,路易斯拿着自己设计的作品——圣诞节贺卡图案,拜访了很多出版商,毛遂自荐,并到处投稿。1881年的冬天,他的第一幅作品发表在12月10日的《文体新闻画报》上,那是一幅红腹灰雀停落在灌木丛中的绘图,名为《知更鸟的早餐》。路易斯喜出望外,借着这个机会,他最终说服《文体新闻画报》的主编雇用了他。路易斯也找到了心爱的女人——他妹妹的家庭教师,比他大十岁的艾米丽(Emily Marie Richardson)。这样的选择令两家人都感到失望,但是他宁愿疏远家人,也不愿意放弃爱情。1884年1月30日,路易斯和艾米丽结婚,双方的家人都没有在场。有喜欢的工作,有爱恋的女人,并暂时不必去想那些繁重的家庭负担,他感到很幸福。

不久,一只叫彼得的猫"闯入"他们甜蜜的二人世界,并且,这位小成员改变了路易斯·韦恩的一生。

快乐的时光像流水一样匆匆而过。艾米丽被查出患了乳腺癌晚期,卧床不起,彼得成为她忠实的伴侣,而她二十四小时守候在彼得身边,也令彼得享受到无限的陪伴和关爱。路易斯回忆:"妻子不得不待在家里,彼得时时都感受到爱,它也不会孤独。"并且,彼得让空气里的很多悲伤和不快烟消云散,每每看到彼得,路易斯都会如释重负,"它躺在妻子的床上,

《知更鸟的早餐》,路易斯·韦恩在杂志上发表的第一幅作品

《许多猫》

爪子和身体靠在妻子的胳膊上,它温暖着妻子,减轻了妻子的烦躁和苦闷"。他也常常会教彼得一些伎俩逗妻子开心,比如让彼得躺下装死,给它戴上眼镜,让它双爪捧起贺年卡。路易斯说,这只黑白相间的猫,是他见过的最聪明、最乖巧和最温顺的猫。它也成了路易斯练笔的模特——他画它照镜子,看窗外,偷喝木桶里的水,玩线团,打哈欠,挠痒痒……路易斯把这些作品拿给艾米丽看,她又会开心很久。

路易斯画笔下的彼得栩栩如生,博得亲朋好友的好评,艾米丽建议把这些画拿给《文体新闻画报》的主编看是否可以发表,但是路易斯不认为这是个好主意。因为在当时,人们喜欢狗而不喜欢猫。1909年,路易斯写道:"当我刚开始画猫时,猫是受人歧视的动物,如果哪个男人从事和猫有关的工作,都会被认为充满女人气。"画猫只是一种放松和消遣,路易斯花更多的时间和精力画狗。

然而，不是狗而是猫让路易斯·韦恩成名。之前，小猫彼得的出现，他的练笔，仿佛都是为了这一天。1886年，路易斯为童书《斑猫夫人的机构》画了插图，这本书讲述的是名叫黛安娜的小女孩被送往"斑猫夫人的机构"，学习像猫那样行为做事的故事。这本书立意新颖，插图充满童趣，很快被抢购一空。路易斯·韦恩得知这个消息后，马上找到《文体新闻画报》运营部经理威廉·英格拉姆（William Ingram），向他解释猫插图如何受欢迎，如何有市场潜力，希望为圣诞节增刊画一系列以猫为主人公的插图。威廉被说服。之后的十一天内，路易斯完成了一百五十多张猫图，画册名为《一只猫的圣诞晚会》。增刊出版后，路易斯·韦恩一鸣惊人。

路易斯感到成功近在咫尺，艾米丽对他事业的转机也深感欣慰。然而，幸福还没有完全到来，艾米丽的病情却加重了，并在《一只猫的圣诞晚会》出版后的第五周去世。此时，两人刚刚结婚三周年。路易斯痛不欲生，脾气更加古怪，曾经整日和妻子相偎相依的小猫彼得成了他唯一的伴侣。十一年后，彼得去世，它死在路易斯的怀抱里。路易斯很少跟人讲，但是

《一只猫的圣诞晚会》

他一直相信,妻子的灵魂到了彼得的身上。

路易斯更努力地画画,心情低落的时候,他从画画中获得解脱。"我最喜欢画家科尔布尔德(Edward Henry Corbould)的一幅画,一位头上戴着扫帚的陆军中尉撞到了士兵的帐篷,他的头上起了个大包;第二幅是,一位胖将军坐在床上挠头,看起来勃然大怒,他头上也顶着个大扫帚。在我抑郁时,这些画让我感到快乐,让我继续坚持画画。"

从1890年开始,路易斯的创作风格有了明显改变,他开始画卡通化了的猫:或者把猫画在人的处境里,或者把人画成猫。但他坚持认为并没有故意把猫卡通化,他画的就是他看到的,"把人当猫看,或把猫当人看"。他偶尔会拿着速写本,到餐馆或其他公共场所,画那里的人,把他们画成猫。路易斯通常把猫画成成年人,而不是孩子。在他的作品里,酒吧里的男猫戴着单片眼镜,讲着黄段子,和邻家女猫调情;打扮入时的女猫手持扇子,左顾右盼,又像是在哼一首老情歌;残暴的猫警察在轰赶猫擦鞋匠;戴着礼帽,一本正经的猫正为刚偷来的钱包扬扬自得。他画的不仅仅是猫,更是生活,是人生百态,而这些作品,也正是画给成年人看的。

路易斯是左撇子,一般只用左手绘画,他画笔下的猫偶尔也是左撇子,比如猫用左手钓鱼,挖洞,打高尔夫球——做一些非凡的事情,用右手写

《婚礼上的早餐》

《西班牙小姐》

《民主给旧英格兰带来什么变化？》

《有魔力的音乐》
《下午在盖特康伯的海边散步》

《争着去艺术馆》

东西、抽烟，做一些日常的事情。他画画很快，45 秒钟就可以完成一幅猫图。他从不吝惜自己的才艺，去小卖部、药店买东西时，他经常会主动向对方要纸笔，信手画出一只猫，送给对方。

路易斯画过这样一幅画：隔着篱笆，一只猫和另一只猫对话，远处是一辆摩托车，路上有一截尾巴。基茨夫人说："太棒了，我不知道你是一只曼岛无尾猫！"提佩先生回答："我也不知道，直到摩托车让这成为可能！"这幅作品想要表明的是，凡事都有利有弊——猫让路易斯·韦恩出名，也让他被迫成为猫的亲善大使，不得不接受各种各样的流浪猫。他的邻居描述："他家的猫太多了，屋子里住不下，就在花园里安了家。这些猫很野蛮，看到陌生人会嗷嗷叫。"路易斯呼吁公众要耐心对待猫，"不要提高嗓音对它们讲话，因为它们会害怕"。他的作品和他的主张逐渐改变了英国人对猫的态度，也让猫越来越有地位。路易斯·韦恩成了家喻户晓的名字。《时间机器》的作者英国作家赫伯特·威尔斯（Herbert George Wells）评价："在英国，假如有猫长得不像路易斯·韦恩画笔下的猫，那它们应该为此感到羞愧。"同一年，路易斯被选举为英国猫俱乐部主席。

妻子去世后，路易斯和家人的关系得到了一些缓和，他搬回家住，继续承担养家糊口的责任。他没多少钱，只能给妹妹们买旧衣服穿，这些女孩也很少出门，更没有机会去度假。他不擅长讨价还价，也没有做生意的头脑，他画作的再版版权早已被精明的出版商垄断。当他带着新设计的圣诞贺卡找到出版商时，却被告知，类似的产品已经滞销。路易斯当然明白类似的产品指的是他之前设计的、被出版商再版好多次的圣诞贺卡。没有人需要他的新作品，路易斯穷困潦倒，此时，他的小妹妹又得了精神病。雪上加霜的是，1907 年的夏天，路易斯输了一场官司，他几乎无路可走。

从未出过国,快要 50 岁的他突然决定去美国——纽约的一家杂志社邀请他过去工作,这是他最后的救命稻草。

1907 年 10 月 12 日,路易斯坐上了去美国的船,原计划只在那里待几个月,却待了两年。他一度以为在美国找到了新的事业,美国的报纸称他是"世界上最棒的画猫的插图师""人类的朋友的描绘者",并大篇幅宣传他的观点:"英国插图师认为,猫是世界上最聪明的动物,是男人的朋友!当主人很安静时,猫会乖乖地趴在主人的旁边;当主人兴奋时,猫会认为和它玩乐的时间到了;当主人发怒时,猫会藏到沙发后或角落里。"但是不久,在了解了猫在美国的处境后,路易斯开始为这里的猫打抱不平。"我发现纽约的猫大都住在地下室里,住在楼梯下阴暗的小房间里,住在杂乱的仓库车间里,它们的周围是噪音和垃圾,它们的脾气暴躁、野蛮,和人疏远,它们一点儿不像英国猫那样养尊处优。猫的可塑性比狗强,但需要有钱有闲,或者有社会地位的先生女士的照顾。"路易斯的言论招致美国主流媒体的不满,认为他以猫揶揄美国社会对外来移民的怠慢。处处受攻击,被误会,路易斯在美国过得越来越不开心,他想回家,但不能空手而归——除了猫,他也对美国的新发明很感兴趣。他发现一种独特的发白光的灯,认为这类产品在英国一定有市场。不知是头脑发热,还是受了蛊惑,路易斯用自己的全部积蓄买下这类灯在英国市场的专利权,结果,灯在英国根本

卖不出去，他彻底失败。

1910年是路易斯生命中的第二个不祥之年。母亲去世，他最崇拜的英国国王爱德华七世去世，他仿佛又一次失去了父亲。载着他设计的瓷猫的船在驶往美国的途中被鱼雷击沉，所有的经济收入也随之沉入大海。这一年秋天，路易斯还莫名其妙地从公交车上摔下来，昏迷了好几天。有记者如此描述这次事故：公交车行驶中，一只小猫突然跑来，司机紧急刹车，导致事故发生。路易斯醒来的第一句话是："小猫怎么样了？"也有些人把他的精神病归罪于这次事故。

路易斯还未完全恢复健康，第一次世界大战爆发，纸张严重匮乏，人们对他作品的需求几乎是零。他甚至连水电费都交不起。为了避免尴尬，他常常会主动画一幅画赠送给收费员，以表示歉意。一位出版商回忆："他刚领取了100英镑的支票，但他走进我的办公室希望和我单独说话，问我是否可以借给他五先令。"

上帝又给了路易斯·韦恩几次机会。因为经常设计电影海报，他认识了电影人伍德（H. D. Wood），并合作制作卡通电影。伍德觉得路易斯画画快，并且希望能够靠他的名气吸引票房。路易斯答应了，但是画十六幅单图才能填满一秒钟电影片段的工作量把他压得喘不过气来。经过无数天的疲惫工作后，以猫为主人公的卡通电影《蹑手蹑脚的猫咪》诞生了，这是世界上第一部卡通猫电影，著名的菲利克斯猫卡通电影也在其后。然而，票房并没有预料中的好。1920年，一位好心的出版商很同情路易斯·韦恩的处境，出版了四本由他主笔并绘制插图的乡村童话，希望能够帮他东山再起。这套书类似毕翠克丝·波特画的《小兔彼得的故事》，充满田园气息，但是并没能热销。1922年，这位出版商又出版了他创作的《一只叫查理的猫》

《用扇子调情》　　　　　　　　　　《蓬松小姐》

的故事,这只猫诙谐有趣,就像查理·卓别林,但也没有成功。

路易斯·韦恩的名字不再有吸引力,他被人们彻底遗忘。路易斯的心情也随之越来越糟糕。在给朋友的信件中,他絮絮叨叨,更多的是沉浸在自己的世界里,自己给自己鼓劲儿。他写道:"我正深陷困境,但是再过两周,我就会好转,我在通往成功的路上。"此时,他已经62岁,却依然像是初出茅庐的年轻人,对未来充满了期待。而实际上,这样的臆想也在表明,路易斯·韦恩的精神开始不正常。因为他脾气古怪,不擅长与人沟通,他的亲朋好友很久以后才意识到他得了精神病——他提出养殖斑点猫,人们以为这只不过是他新的创业尝试,直到他和人约谈参加猫展,而实际上并没有这个展览时,人们才恍然大悟。他说他看到很多灵魂,开始反复陈列家具,半夜跑到街上大喊大叫……妹妹们忍无可忍,带他去看医生,医生诊断路易斯·韦恩得了精神病,并把他送进米德尔塞克斯精神病院。

米德尔塞克斯精神病院的条件很差。路易斯一遍遍谴责妹妹们是在害他,并说自己有超能量,而大多数时间里,他都在埋头画画。妹妹们自作主张卖掉他生病前的作品,换得生活费。同时,她们紧紧抱着哥哥这棵摇钱树,频繁地到精神病院探望,给哥哥带去纸笔和颜料,哄骗他继续绘画,并想方设法带走他新完成的作品。虽然路易斯·韦恩已经过气,但依然有足够的人愿意购买他的原作。在精神病院住了几年,他的病情没有任何好转。一次偶然的探访,出版商丹·赖德(Dan Rider)认出了路易斯·韦恩,

《晚餐后的演讲者》

他颇为惊讶，一位有名望的艺术家怎么会落魄成这个样子。在赖德的号召下，路易斯·韦恩基金会成立。《每日写真报》举办了路易斯·韦恩比赛，每天刊登读者的插图作品，为路易斯筹款。当时的英国首相拉姆齐·麦克唐纳（Ramsay MacDonald）也很关注路易斯的状况，安排他转院到贝特莱姆皇家医院。

在皇家医院，路易斯的病情大有好转，并且基金会的资助让他得以安安静静地生活，创作。他像往常一样不吝纸笔，谁找他画画，他都给画。圣诞节前，医院邀请路易斯帮助装点病房，他欣然应允，在医院门厅大镜子的木框上画了很多小猫——这些小猫正欣喜若狂地望着圣诞节布丁。圣诞节后，这块镜子被摘下包装好，留到下年用。如今，这块镜子依然在贝特莱姆皇家医院。1939 年 7 月 4 日，路易斯·韦恩因肾衰竭去世，一个月后，就是他 79 岁生日。

References

· Parkin, Michael (1983) *Louis Wain's Cats*, Thames and Hudson, London.
· Dale, Rodney (1977) *Louis Wain: Catland*, Manga Books, London.
· Dale, Rodney (1968) *Louis Wain, the Man Who drew Cats*, William Kimber & Co., London
· Allderidge, Patricia (2000) *The Cats of Louis Wain*, Bibliothèque de l'image, Paris.
· Silvester, John (1994) *A Catland Companion*, Crescent Books, London.

爱德华·李尔肖像

4

边走边画

爱德华·李尔

EDWARD LEAR

在爱德华·李尔的画作里，可以看到埃及的骆驼和金字塔，印度的红城堡和泰姬陵，雅典的赫菲斯托斯神庙和卫城，聚满朝圣者的耶路撒冷，建在山丘上的小城圣雷莫，温暖的斯里兰卡……爱德华一生都在旅行。

爱德华从六七岁患癫痫病，最厉害时一个月发作十八次。兴许正是因为这，他才选择了旅行，到遥远陌生的异国他乡。生活不该被病魔所控制，除了苦难，这个世界还充满了美丽和奇迹。爱德华用画笔记录这个世界，他在旅途中几乎每天都在画画。

让爱德华闻名世界的是《胡诌诗集》。语言学家吕叔湘将书名译为"谐趣诗集"，作家施蛰存将其译成"无意思之书"，刘新民教授译其为"荒诞书"，陆谷孙先生的翻译是"胡诌诗集"。爱德华的这些创作原本是逗伯爵家的孩子们开心的，没想到他会因此成名。

爱德华的后半生忙于为英国桂冠诗人丁尼生的诗作配画，他被诗歌中悠远从容、亦真亦幻的意境所打动，把自己比作丁尼生诗歌中的水手伊诺克·阿登。

爱德华终生未婚，他曾经向喜欢的女孩求过一次婚，但以失败告终；他的诗歌和画作征服了全世界，却没能征服心爱的女人。

1832年的一天,斯坦利勋爵(Lord Stanley),也是后来的第十二代德比伯爵(Earl of Derby),站在动物园里注视一位年轻人画笼子里的鹦鹉。这位年轻人个子很高,有点儿驼背,大概因为眼睛高度近视,他不得不使劲弯腰看东西。他容貌一般,鼻子有点难看,但是眼睛里闪烁着幽默的光,并且总是一副乐呵呵的模样,这位年轻人就是刚满二十岁的画家爱德华·李尔。

斯坦利勋爵钟爱大自然,他投入大笔钱把位于利物浦附近的自家庄园打造成了一座动物园!他一直希望能出版一本图文并茂的书,将自己的动物分门别类记录下来,并向大家炫耀。在大英博物馆格雷博士的引荐下,他认识了年轻画家爱德华·李尔。此时,爱德华·李尔刚出版《鹦鹉画册》不久,这本包括42幅彩色鹦鹉图的书,让他一举成名。斯坦利勋爵对爱德华·李尔的画技赞不绝口,邀请对方为他画画,爱德华欣然应允。之后的四年,爱德华住在德比伯爵的大庄园里专心画画。这四年是他事业的转折点,他不仅在这里衣食无忧,解决了生存的问题,也结识了众多喜欢

对页《冠鹤》

艺术的有钱人;他还挖掘出自己其他的才能,比如写画《胡诌诗集》,逗孩子们开心。《胡诌诗集》给爱德华带来物质的保障,也带来荣誉。

当大多数孩子偎依在父母身边时,姐姐给了爱德华所有的家庭温暖。爱德华出生于1812年5月12日(狄更斯也在这一年出生),出生地是伦敦北部一座比较繁华的小镇霍洛韦,爸爸是股票商。爱德华排行第十二,还有其他二十个兄弟姐妹,但是二十一个孩子中,只有十一人活到成年。爱德华四岁时,爸爸破产,妈妈没有能力养这么多孩子,不得不把爱德华托付给他的姐姐安娜收养。21岁的安娜像妈妈一样照顾弟弟,她对弟弟的

《胡诌诗集》

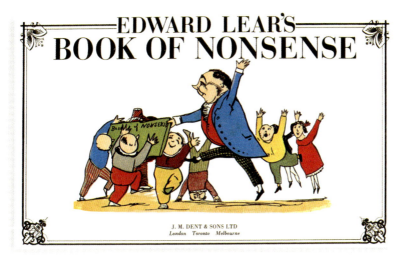

《胡诌诗集》封面

爱,持续了对方的一生。爱德华评价姐姐:"在她的身边,像是在天堂里。"如果没有安娜的悉心照顾,很难想象爱德华·李尔的命运,因为他从小身体虚弱,并患有支气管炎和哮喘,从六七岁开始,他更是受到癫痫病的折磨,严重时,一个月发作十八次。爱德华也为此感到焦虑,从来不向人说起他的病,甚至害怕提及这个字眼,在日记里称呼这个可怕的病为"可恶的魔鬼"。抑郁症也不放过他。他回忆:"大概是1819年,爸爸带我到乡下看杂技表演,音乐很好听,我很开心,但是演出结束后,那些小把戏停止了,我哭了大半天。"因为这些难以启齿的秘密,爱德华不能像其他正常的孩子那样去学校上学,他所有的教育都来自姐姐安娜和莎拉。他喜欢自然史,喜欢画画,喜欢现代诗,喜欢拜伦。那时候,他就有种奇特的本领——靠着敏锐的观察力和异想天开的模仿,总是能逗得人哈哈大笑。安娜一辈子未婚,和爱德华住在一起,并常陪他旅行。安娜去世时,爱德华悲痛欲绝,感慨:"就剩下我一个人了,我一个小时也过不下去了。"

《红黄色的金刚鹦鹉》

画画是某些人的爱好,对于爱德华而言,却是为了生存。十六岁时,他决定靠画画为生,"就是为了面包和奶酪"。他在朋友的小店里出售自己的画作,价格从九便士到四先令不等。他也给别人的画作涂色,给扇子涂色,还帮医院画过病菌图。后来,经朋友介绍,爱德华获得一份在动物协会的工作,并申请到画鹦鹉的许可。他的《鹦鹉画册》博得艺术爱好者的好评。这本画册根据订阅者的数量限量出版,总共印制了175册,之后所有的印版被立刻销毁。爱德华解释这样做是"为了获得更多的订购者。而且,保存这些印版需要很多钱,我甚至连支付每月的开支都有困难"。也正是因为限量出版,同时这本画册不仅是第一本关于某一类动物的画册,而且其中的画作是画家第一次比照活鸟而非标本绘制,所以《鹦鹉画册》显得尤其珍贵。由于画鸟出名,爱德华被引荐给斯坦利勋爵,并受邀到他家里画

《爪哇孔雀》

《眼镜鸮》

他私人动物园里的动物,这一画就是四年。

尽管寄人篱下,但是这四年是爱德华过得最平静的四年,他专心画画,不必担心吃住,不必担心账单,而他的成名作《胡诌诗集》也是在这期间完成的。最初,爱德华被当成工匠对待,他和佣人们共进晚餐。后来,斯坦利勋爵的爸爸、八十多岁的老德比伯爵注意到家里的客人总爱往厨房那边跑。原来,客人们争先恐后地去找爱德华聊天画画——老德比伯爵很快将这位画幽默画逗大家乐的活宝视为座上宾,爱德华得以和有权势的人共进晚餐,可以和他们海阔天空地胡侃。有一次,一位客人向爱德华推荐了1822年出版的插图韵律诗歌集《十五个绅士的轶事和冒险》,这本书让爱德华眼前一亮,觉得自己异想天开的创作一定不会比对方差。他开始天马行空地想象,为老德比伯爵家的小孩子们画有趣的画,写押韵的诗,这些怪诞的诗和画不仅逗小朋友们开心,大人们也爱看。这些诗画也让爱德华获得暂时的解脱,他用这些制造出来的滑稽和快乐来对付他的癫痫病和抑

《胡诌诗集》

Tigerlillia Terribilis.

Jinglia Tinkettlia.

Barkia Howlaloudia.

《更多胡诌的诗集》

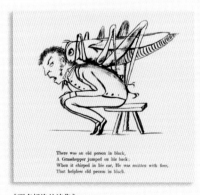

《更多胡诌的诗集》

郁症。

　　十二年后的1846年，爱德华将这些诗画结集出版为《胡诌诗集》。大概想和读者卖卖关子，他没有署自己的名字，而是署名"Derry down Derry, who loved to see little folks merry"。后来，这本书炙手可热，关于作者是谁的争论也纷纷扬扬，有人干脆认为它是斯坦利勋爵本人的作品。爱德华不甘心成为幕后英雄，1861年，他用自己的真名出版了一个大版本的同名诗集。爱德华在世期间，这本书再版了三十多次。因为这本书热销，1872年，爱德华又出版了《更多胡诌的诗集》。

　　在当时的社会背景下，无处不在的条条框框和限制压抑了人们的本能和快乐。比如，女孩子被要求行为温婉，除了跳舞时，不可以随便扭动自己的身体。在《胡诌诗集》中，爱德华创造了一个彻底自由的世界，在这个世界里，成年人也可以做一些很愚蠢的、在现实生活中绝对不会做的事情。他们会跳得很高，会飞跃，会旋转；他们演奏原始的乐器，咯咯大笑起舞；他们戴着帽子，戴着假发，朵颐大嚼……这些令人捧腹大笑的诗和画将人的本性真实地展现出来。人原本就有很多缺点，会犯错，孩子们不需要因此受谴责，最重要的是，要让他们自己看清楚好坏，辨清是非。

　　英国艺术评论家约翰·罗斯金在所列的《最佳作家一百人名录》中，将爱德华·李尔列在第一，并特别推荐了《胡诌诗集》。美国心理学教授鲍里斯·席德斯（Boris Sidis）评价爱德华·李尔的作品："在嬉笑和幽默中，我们的一本正经和生活的沉重都释然了……我们成为了自由人，我们呼吸着自由的空气并放松，这使我们拥有无穷尽的能量。"中国现代派作家施蛰存评价这本书"并不想在这些诗歌故事中暗示什么意思。他只要引得天真的小读者随着流水一般的节律悠然神往，他并不训诲他们，也不指导他们。这种超乎狭隘的现实的创造，本来不仅在儿童文学中占了很高的地位，就是在成人的文学中，也有着特殊的价值"。

在老德比伯爵家生活，一切都很美好，就是兰开夏郡的天气总和他过不去；天气不好时，爱德华就回伦敦，回到姐姐安娜的身边，或者和朋友们去远行。爱尔兰的威克洛山区之行和英国的湖区之行令爱德华灵感大发——这两次旅行还影响了他的创作：之前画鸟画动物，他喜欢画很多细节，结果导致眼睛很累，视力越来越差，而画水彩画对眼睛的压力就相对小些。但是不久，因为气管炎哮喘复发，爱德华再也无法容忍潮湿阴冷的英国，决定到温暖的罗马去画画。斯坦利勋爵赞助了他的路费。

1837年初，爱德华出发了，这是他第一次长途旅行，他慢慢悠悠，边游边画，一点儿都不急着到达目的地。他游览了巴伐利亚、卢森堡、米兰和佛罗伦萨，直到11月，才到罗马。爱德华一下子就爱上了罗马，这里的食物、景色和人都令他感到新奇而兴奋。他在这里认识了很多艺术家朋友，并靠教当地的英国居民绘画为生。他写信给姐姐安娜："我终于享受到真正的自由！"之后的十年时间，除了两次因公务返回英国，爱德华一直定居罗马。在这十年时间里，他也没有停下脚步，而是以罗马为根据地到处旅行。他到达了西西里岛、那不勒斯岛、伊奥尼亚群岛、科孚岛、佩特拉岛、科西嘉岛、希腊、阿尔巴尼亚和埃及等。同时，爱德华集中精力画水彩画，几乎所有时间都在室外写生。他认为，"艺术生涯的魅力在于整日室外工作的快乐，那些元素，包括树木和云，那份静谧，和我在一起，或者我和它们在一起，超过我和人类相处的时间"。爱德华两次返回英国是为了出版自己的画册《罗马及其周围的风景》和《意大利旅行图册》，后一本画册还引起了英国维多利亚女王的注意。女王邀请爱德华给她上了十二节美术课,爱德华因此更是名声大噪。

　　1849 年,由于意大利的政治动乱,爱德华不得不返回故土。在回英国之前,他又给自己安排了一次长途之旅,去了马耳他、土耳其、阿尔巴尼亚、印度和西奈半岛等地。回到英国,爱德华还做出一个令人瞠目结舌的决定——到英国皇家学院学习绘画,女王的绘画老师重新成了学画画的学生!因为之前,爱德华画画全靠自学,虽然已经是很成功的水彩画家,但他很清楚自己的弱项——驾驭不了油画,画不好人物肖像。画不好人物肖像就意味着他不能算是优秀的艺术家。在伦敦学画期间,爱德华遇到人生中的第二位伯乐:拉斐尔前派的代表人物威廉·亨特(William Holman Hunt)。亨特给了爱德华很多建议,比如他发现爱德华很少运用光和阴影,就直言相告:"你再这样画下去,是画不了油画的!"拉斐尔前派的座右铭是"回到自然",亨特建议爱德华和他去黑斯廷斯写生。他们一起旅行,

《阿尔巴尼亚的山水画册》中的插图

爱德华为丁尼生的诗歌配的插图《佩堤欧罗》

一起画画,是师生,也是好朋友。尽管亨特比爱德华小十五岁,但爱德华把他当成自己的老师,甚至还开玩笑地称呼他为"爸爸"。

　　如果说亨特是爱德华的伯乐和老师,那桂冠诗人丁尼生就是爱德华的灵魂伴侣。在没有见到丁尼生之前,爱德华早已沉醉于丁尼生的诗文,并把他当成知音。丁尼生的诗文深受中国老子的影响,根据老子的生平创作了长诗《先贤》。他的诗文淡泊宁静,像是一幅幅优美的图画,爱德华一直都有为丁尼生的诗歌配图的想法。1851年,爱德华终于见到了比自己大三岁的丁尼生,并送给对方自己创作的《阿尔巴尼亚的山水画册》。他们成了无话不谈的朋友,爱德华还经常去丁尼生位于怀特岛的家中做客。为丁尼生的诗歌配图,爱德华再合适不过,因为没有人比他更了解丁尼生。在爱德华看来,这个过程不是简单的配图,而是产生同感,或者表现共鸣的过程。在之后的三十五年时间里,爱德华一直做这个项目。他计划画124幅,结果画了两百多幅。爱德华对丁尼生的崇拜和喜爱是发自内心的,他常常把自己比作丁尼生诗歌中的水手伊诺克·阿登(Enoch Arden),认为总有一天会流落孤岛,孤寂而终。他还为丁尼生的诗文谱曲,边弹边唱,在餐后兴致盎然地为大家演奏,他充满激情的表演常常令听众潸然泪下。除此之外,他还把自己的房子命名为"丁尼生别墅"。

因为英国的坏天气,爱德华不得不经常离开伦敦,到温暖的地方去。他总是在旅行,总是缺席圈里的聚会,于是逐渐被人们疏远和遗忘。而且,爱德华的自以为是也遭到同行的厌恶——1861年,当爱德华听说拉斐尔前派的代表艺术家约翰·米莱斯的画作《春天》卖了450几尼时,他夸下海口,说自己的作品《黎巴嫩的雪松》能卖这个价格的两倍。结果,六年后爱德华的这幅作品才卖出去,而且只卖了200几尼。关于他的流言也愈演愈烈,圈内传言:爱德华·李尔受了朋友的关照才出名,他所有的作品都是给他认识的有钱人画的,对于公众而言,他一文不值。这些评论令爱德华一蹶不振。他的好朋友斯坦利勋爵写信安慰他:"在世界上,成功的定义各不相同,你已经备受贫困的折磨。一位总是求助于朋友购买他的作品,并且需要提前付款的艺术家,可能会令外人认为他不擅长绘画,而你,显然不是这样的。"

爱德华喜欢写信给朋友,并且信通常都写得很长。他的朋友们从这些信件中,读出他的孤独和忧虑。爱德华曾向一名喜欢的女孩子求婚,但以失败告终。他写信告诉朋友自己的感受:"我像是被遗弃在光秃秃的沙滩上。"此后,爱德华再也没有向别的女孩子求过婚。因为要写的信太多,他甚至厌恶起笔:"如果我是天使,我将立刻脱掉身上所有的羽毛,因为担心它们会被制作成毛笔。"爱德华很珍惜朋友们的回信,他保存有四百多封朋友的回信。他开玩笑说:"每个会写字的人,大概都给我写过信,当然也有例外的,比如先知以西结、苏格兰的玛丽女王和英国的修士比德。"

《奥林匹亚宙斯神庙》

不知道从何时开始，爱德华已经离不开旅行了，旅行成为他散心的唯一方式。也只有在遥远、陌生的异国他乡，他才能找到暂时的安宁。他会去人们经常去的地方，比如雅典和耶路撒冷，也会去很少有人去的地方。他喜欢慢慢地走，无目的地闲逛。他在旅行中多用铅笔绘图，并加注很详细的注解，比如要画的色彩、内容等，然后带回工作室继续创作。他尤其喜欢充满色彩的国度，比如埃及，他认为埃及是最适合学习水彩画的地方。旅途中，他会写日记，描述所见的风景，记载旅途中的经历。他在日记中实话实写，写他遇到很粗鲁的主人，写他特别不喜欢阿索斯山上的和尚，也提到自己又犯了癫痫病……因为健康原因，他一天最多画三幅画，每幅画都注明画画的日期甚至小时。有时，他会把自己画在海边的岩石上，画一个裸体的女神从海面上升起。这些素描都是半成品，如果有人看中了，决定购买，或者需要成品画展览时，爱德华才会继续把这幅画完成。可能会令爱德华百思不得其解的是，在他去世后，正是这些素描画、未成品被圈内人热捧,被收藏家热衷。

从伦敦到欧洲其他国家的旅程越来越让爱德华吃不消,他先在法国戛纳过了一段时间,然后搬到意大利海港城市圣雷莫。他过上了半隐居的生活,画画、教课、卖画、和朋友聚会,日子很悠闲。养尊处优的日子让他变成了大胖子,更不适合旅行。但是在他六十多岁的时候,他又禁不住远方的诱惑了。布鲁克勋爵是爱德华的老朋友,他去印度出公差,邀请爱德华一起去。印度之行是爱德华一生中最长的旅行,他参观了泰姬陵,到达德里,去了喜马拉雅山。在旅行十五个月后,到达了锡兰(现在的斯里兰卡),这时他感到很累,哪里都不想去了。

感觉自己的时日不多,爱德华写道:"天哪,天哪,我的一生太可怕了,我不知道其他人是否有类似的经历。"1888年,爱德华在圣雷莫去世。他在这个小城生活了十八年,如他预言的,就像是丁尼生诗歌中的水手伊诺克·阿登,流落到他乡,孤寂而终。陪伴他度过晚年的是一名阿尔巴尼亚

《吉萨金字塔》

仆人和一只叫福丝的猫。爱德华·李尔一辈子未婚。

不是每个人都能够像爱德华那样用画笔和幽默诗同病魔抗争；不是每个人都能够像他那样忍受孤独，漂泊于渺无人烟的他乡异国；也不是每个人都能够像他那样永远保守自己的秘密，不自暴自弃……而这种顽强的生命力，一定在他童年时就生了根发了芽。没有了父母之爱，目睹兄弟姐妹一个个夭折，爱德华在恐慌不安中挣扎，他的癫痫病导致他的自闭忧郁，也让他意识到自己的与众不同。他无法过平凡人的日子，他在流浪中找到自我。在《胡诌诗集》中，爱德华写了这样一首打油诗：

　　山上有个老头子，

　　很少老老实实站一会子；

　　他上蹿又下跳，

　　穿着他祖母的宽外袍。

　　山上那个穿袍子的老头子。

这个淳朴可爱又可笑的老头子像极了爱德华·李尔本人，一辈子步履不停，浪迹天涯，边游边画，"很少老老实实站一会子"。

References

·Jackson, Holbrook (1966) *The Complete Nonsense of Edward Lear*, Faber and Faber Limited, London.
·Noakes, Vivien (1968) *Edward Lear: the Life of a Wanderer*, Collins, London.
·Noakes, Vivien (1985) *Edward Lear, 1812-1888*, Royal Academy of Arts, London.
·Lehmann, John (1977) *Edward Lear and his World*, Thames and Hudson, London.
·Chitty, Susan (1988) *That Singular Person Called Lear*, Weidenfeld & Nicolson, London.

《培拉特》

毕翠克丝·波特肖像

5 小兔彼得和它的主人
毕翠克丝·波特
BEATRIX POTTER

去花园偷吃蔬菜的小兔彼得,爱冒险的小猫汤姆,一直梦想能够自己孵蛋的母鸭杰米玛·帕德尔,可以用尾巴游泳的松鼠纳特金,帮格洛斯特的裁缝缝衣服的小老鼠……在英国湖区的"毕翠克丝·波特的世界",可以邂逅毕翠克丝·波特童话书里的所有主人公。

《小兔彼得的故事》让毕翠克丝一举成名,但这个故事原本只是讲给一个幸运的小朋友听的。也是因为遇到尽心尽职的出版商诺曼·沃恩,毕翠克丝的创作才如鱼得水。毕翠克丝和诺曼相爱订婚,但没过多久,诺曼就因病去世。毕翠克丝伤心欲绝,她一直戴着诺曼送给她的订婚戒指。

放弃伦敦的繁华和名利场,毕翠克丝隐姓埋名,在湖区经营农场:她喜欢和动物们在一起,她培育出最优良的赫德威克绵羊,她成为赫德威克羊饲养协会的首位女会长。她还在湖区收获了自己的第二次爱情。

毕翠克丝没有孩子,却为孩子们画了三十多本童话书;毕翠克丝来自富庶的伦敦,却在宁静偏僻的乡下安家;她自小被教养成淑女,却选择粗布农活。人生际遇奇妙而戏剧化,如同传记电影《波特小姐》的开场白——毕翠克丝坐在湖区的大树下画画,画外音是她的自语:"写故事的开头最甜美,因为你绝不会知道故事如何发展;我的故事把我带到这里,我也属于这里。"

"我和弟弟出生于伦敦,我们的爸爸是律师。"很多年后,毕翠克丝·波特写下这句话,但她的下句话是:"我们骨子里所喜欢的,我们全部的欢乐,都在英格兰的北部。"她最终在位于英格兰北部的湖区安了家,一直在那里生活到去世。

1866年7月28日,毕翠克丝·波特出生于伦敦一户富庶的中产家庭,主要由保姆麦肯奇抚养大。麦肯奇来自苏格兰,严厉且传统,和毕翠克丝住在三楼,偶尔会带她下楼向父母说晚安。毕翠克丝的父母很喜欢社交,和女儿的交流并不多。爸爸罗伯特·波特很喜欢画画,还是学生的时候,经常带着速写本到处写生。后来,他热衷于参观艺术馆和藏画,收藏有好几幅英国插画师伦道夫·凯迪克的作品。他的另一爱好是摄影,喜欢拍摄繁华的伦敦街道、他的家人、乡下的风景等。因摄影技术精湛,罗伯特·波特入选成为伦敦摄影协会会员。他还经常为好友约翰·米莱斯拍照片,为对方提供画画的素材(约翰·米莱斯是英国著名的油画师和插画师,成名作包括油画《奥菲丽娅》等)。在爸爸的影响下,

对页《小兔彼得的故事》

毕翠克丝从小就喜欢画画，约翰·米莱斯也曾经亲自鼓励她。1896年约翰·米莱斯去世时，毕翠克丝写道："我会永远记得约翰·米莱斯对我的关心，但是我从小就怕他；他鼓励我画画，他的称赞很受用，他说，很多人会画画，但只有你和我的儿子会观察。"

毕翠克丝六岁时，弟弟伯特仑出生，弟弟和姐姐一样喜欢画画。毕翠克丝的父母不允许女儿和其他小朋友玩，大多数时间，毕翠克丝只能待在三楼的房间里和弟弟玩。他们养了很多宠物：一只绿色的青蛙、两只蜥蜴、四只黑色的蝾螈、一条蛇、两只火蜥蜴、一只蝙蝠、一只睡鼠和一只乌龟。英国人喜欢养五花八门的宠物，曾经有报道称一位英国绅士养过一条从坚果中爬出来的蛆，直到它长到不可思议的肥大，看来波特姐弟早就继承了这个独特的英国传统。毕翠克丝和弟弟观察宠物的行动，记录它们的成长

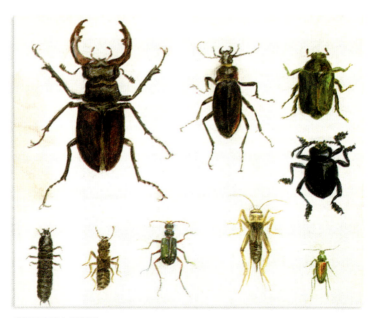

毕翠克丝画的九只甲壳虫

《汤米小老鼠》

和个性，甚至在它们死后，将它们煮熟，好研究骨骼。毕翠克丝很专业地画这些宠物，除了画得漂亮，还要画得准确。她用放大镜和显微镜辅助观察宠物并照着画。她画的甲壳虫、蜘蛛、蚂蚁、蜻蜓和螨都细微到它们的每根触角和腿上的毛。毕翠克丝还喜欢画蝙蝠，她发现蝙蝠有着小黑珠般的眼睛，不时会眨一下，它们最喜欢黄昏的光。而她的宠物刺猬温迪琪则很爱干净，并且，如果让它做很久的模特，它就会变得烦躁，开始乱咬。

毕翠克丝最喜欢画的是老鼠。在她的画笔下，老鼠勤奋善良，会读报纸，会下棋，也会跳舞。毕翠克丝回忆，她曾经养过一只老鼠，它喜欢睡觉，总是一副睡不醒的样子。她时而会对它讲"醒来，醒来，Xarifa"，而称呼它"Xarifa"则源于约翰·洛克哈特（John Gibson Lockhart）的诗句："Rise up, rise up, Xarifa!"这也是后来在她的作品《精灵的大篷车》中，她给主人公起名"Xarifa"的原因。毕翠克丝很少画狗、羊和马，她觉得这些动物很难画,解释说:"我画过,但是画不好,我可以画老鼠和兔子,但是狗、羊和马,比较难画。"

弟弟也喜欢宠物,但是相比姐姐对宠物的温存,弟弟有些残酷。有一次,伯特仑写信给姐姐:"从你描述的状况看,我猜想,你快要失去那只长耳朵的蝙蝠了……如果它半死不活,你最好杀了它,把它做成标本。"弟弟还提醒姐姐在做标本前,首先测量好蝙蝠的尺寸。毕翠克丝不喜欢动物标本,觉得它们有些可怕。后来,伦敦自然史博物馆开放,毕翠克丝成为那里的常客,但她很少去看动物标本,最喜欢的是博物馆的昆虫展和化石展。

除了在家里观察宠物画画,毕翠克丝童年最大的乐趣是每年夏天随家人到苏格兰高地的别墅去度假。父亲常常会邀请一些好友同往,其中包括约翰·米莱斯和他的女儿。连续十二年的夏天,他们都在邓凯尔德附近的"Dalguise House"度过。大人们钓鱼,小孩子们在树林里或者河边玩耍,他们摘野花,听猫头鹰、夜莺和鹿的叫声,抓毛毛虫……毕翠克丝在大自然里享受到真正的自由;同蓝天白云、泥土的芬芳和河流的细语相比,她位于伦敦的小房间,简直像是监狱。

也正是从这个时候,毕翠克丝开始写日记,她用她自己设计的符号写日记,这样别人,尤其是她的妈妈就不会看得懂。没有好朋友可以分享她的秘密,她就把这些秘密藏在自己的文字里。她这样写了十五年日记,后来,连她自己也不记得当时都写了些什么。

1882年,波特家人被告知,他们在苏格兰度假的屋子被出售,不能再租给他们了,波特家人不得不选择到别处度假,新的度假地址位于英国湖区温德米尔湖畔。这一年,毕翠克丝第一次来到湖区,她和湖区的不解之缘也由此开始。她首先爱上的是湖区的蘑菇——腐树枝干上的,潮湿的树下的、草丛里的，都成为毕翠克丝临摹的对象，她还用显微镜观察蘑菇孢子的形状。后来，在叔叔的建议下，毕翠克丝到英国皇家植物园邱园学习，她竟然发现了孢子繁殖的方式，并撰写了论文《关于菌类植物孢子发芽的研究》。1897年4月1日，毕翠克丝的男同事代表她在伦敦林奈学会做了关于这个发现的陈述——当时女子受歧视，被禁止参加学术会议。除了作家、插画师，毕翠克丝·波特也算得上一位生物学家。

十一岁的弟弟伯特仑被家人送去寄宿学校读书，此时，姐弟两人的家教老师辞职。因为当时没有女孩子去学校上学，毕翠克丝的妈妈聘请了安妮小姐教她德语和拉丁语。安妮比毕翠克丝大三岁，两人很快成为好朋友。后来，安妮离开毕翠克丝结婚生子，两人还经常联络。毕翠克丝没有孩子，但是很喜欢孩子。她最大的乐趣是去安妮家做客——因为她家有六个孩子，简直是孩子的王国！最令毕翠克丝感到惬意的是，孩子们的爸爸经常出差，

毕翠克丝画的蘑菇

她可以大张旗鼓地做孩子王。孩子们也很喜欢她来家里做客,因为她会带来兔子,或者一篮子小白鼠,或是住在笼子里的蝙蝠,并任它们在房间里跑,在房间里飞。孩子们可以无拘无束地和毕翠克丝,和小动物们玩耍。

如果不是因为安妮和她的孩子,大概也不会有《小兔彼得的故事》,这个故事诞生在毕翠克丝写给安妮的儿子诺埃尔·摩尔(Noel Moore)的信件中。

1892年,毕翠克丝带着她的宠物兔随家人再次回到苏格兰度假,此时,离上次来苏格兰,已经有十一个年头。同往年度假内容不同的是,毕翠克丝决定给安妮的儿子诺埃尔·摩尔写信。诺埃尔·摩尔已经六岁,能够认识一些字,但他的身体不好,经常生病,毕翠克丝希望自己的信能够给他

毕翠克丝写给诺埃尔的信

带去一些快乐。这封信写于1893年9月4日,是从苏格兰邓凯尔德的伊斯特伍德邮寄出的。这封信也成为世界上最著名的信之一。信中写道:"亲爱的诺埃尔,我也不知道该给你写些什么,我给你讲个故事吧,这个故事是关于四只小兔子的,它们的名字是佛洛普西、莫普西、棉球尾巴和彼得,它们和妈妈一起住在沙丘上一棵巨大的红杉树下。"除了文字,信中画着故事的配图——兔妈妈和四只小兔子在大树桩前,其中一只兔子蹲坐在那儿,一只兔子竖耳倾听,一只兔子在打瞌睡,栩栩如生。诺埃尔·摩尔很喜欢这个故事,并把这封信认认真真地保存好。

无论去哪里旅行,毕翠克丝都带着她心爱的兔子,并经常会牵着兔子散步。她不仅会画兔子,对兔子的习性也了如指掌。她发现兔子性格温和但是易变,它们很简单率直,比如,当兔子感到心满意足时会在地面上磨蹭它们的下巴;兔子像人一样性格各异,小兔本杰明性格倔强,爱弄出动静,倾向于袭击陌生人,但是小兔彼得就很和蔼而镇定。

诺埃尔·摩尔收到来自毕翠克丝的更多信件,故事终于完整了。《小兔彼得的故事》的主人公是顽皮冒失的小兔彼得。彼得和妈妈、三位姐姐在一起生活,很不幸的是爸爸被麦奎格夫人做成肉派吃掉了。一天,彼得不听妈妈的劝告,溜进麦奎格先生的菜园偷吃蔬菜,结果被发现。它赶紧逃跑,却把蓝夹克和鞋子跑丢了。麦奎格先生用彼得的夹克与鞋子做了一个稻草人放在菜园当中。彼得终于平安到家,但也因此受到惩罚。故事的结尾是彼得"上床睡觉,用一勺菊花茶来止肚子痛"。

在湖区度假时,毕翠克丝结识了当地的牧师哈德威克·罗恩斯利(Hardwicke Rawnsley)。哈德威克是英国国民信托组织的创建者之一,这个组织旨在保护英国的历史遗迹和历史建筑,确保自然环境不因工业发展的进程而被破坏。他也是诗人，很欣赏毕翠克丝的才华，建议她出书。受他的启发，1900 年，毕翠克丝将写给诺埃尔·摩尔的信件全部借回，并根据信件的内容创作了童书《小兔彼得的故事》。之前，毕翠克丝也尝试过靠画画挣钱。她接受弟弟的建议，把她画的小兔本杰明邮寄给出版公司，没有想到这些作品被出版社认可并出现在对方设计的贺年卡上，她因此获得六英镑的酬金。

　　毕翠克丝带着新作拜访了六家出版社，但没有人对她的作品感兴趣。因为那时，童书必备的特征是彩色和大开本。毕翠克丝打算出的书不具备这些特征，她要出的书开本很小，并且只有黑白色的插图。屡屡受挫，毕翠克丝失去了耐心。她只是希望更多的小朋友看到这本有意思的书，干脆决定自己掏钱出版。1901 年，黑白色版本的《小兔彼得的故事》上市，总共 250 册。毕翠克丝表示："我不给这些插图涂色有两个原因，一是彩色印刷成本太高，二是在这本书中，色彩并不重要，只需要褐色的兔子和绿色的草地就够了。"

　　好友哈德威克牧师帮毕翠克丝·波特联系上了弗雷德里克·沃恩（Frederick Warne）出版社，对方不介意毕翠克丝·波特先自费出版黑白色的《小兔彼得的故事》，但要求书的插图必须是彩色，并减少书的页码——只保留 31 张彩页，而非以前的 41 张黑白页。毕翠克丝接受对方的条件，只是希望书的定价不要太高。在修改书稿的过程中，出版商要求毕翠克丝重新画麦奎格太太，因为他们担心，她原先的样子恐怕会吓坏小朋友。毕翠克丝抱怨："我从没学过如何画人物。"最终，她又画了个年轻的、漂亮点的麦奎格太太。为了区别兔宝宝的性别，她还采用不同的颜色，女兔宝宝披着粉色的斗篷，男兔宝宝穿着蓝色的夹克。

《小兔彼得的故事》

  1902年10月2日，8000册彩版《小兔彼得的故事》上市，很快一售而空，到同一年底，这本书又加印了两次，印量达2.8万册。这本书热销后，弗雷德里克·沃恩出版社督促毕翠克丝创作新的童书。1903年圣诞节前，《松鼠纳特金的故事》和《格洛斯特的裁缝》出版，后一本书中那些美丽的衣服是毕翠克丝仿照英国维多利亚与艾尔伯特博物馆里陈列的18世纪的衣服画的。她时常站在展馆角落里仔细地观察衣服，热心的博物馆工作人员同意将衣服平铺在桌子上，让她照着画。1906年出版的《杰里米·费希尔先生的故事》则以青蛙做主角。

  小兔彼得的形象又出现在毕翠克丝的另外几本童书里，包括《小兔本杰明的故事》和《托德先生的故事》，除此之外，毕翠克丝1911年出版的《小兔彼得的绘画书》和1929年出版的《小兔彼得1929年年历》里，它也是主角。直到今天，无论大朋友还是小朋友，对淘气的小兔彼得都不会感到陌生。小兔彼得一直人气不衰，首先要归功于毕翠克丝独特的创作风格：尽管彼得穿着人的衣服，妈妈提着篮子上街买菜，或站在床边给小兔喂茶，它们也都还是兔子的模样——并且，这些动物，无论是兔子、老鼠，还是青蛙或者刺猬，它们不是毕翠克丝凭空想象出来的，是她身边的朋友，是活生生存在着的生命。毕翠克丝是细心的观察者，她根据这些动物的个性和特征，描绘出它们的世界，而不是单纯地将它们拟人化。并且，从毕翠克丝·波特的作品开始，插图不再是可有可无的装饰，插图本身也在讲故事。比如，彼得背过身去站在一旁，显示出它的不开心，飞跑着的彼得表明它的恐慌等。毕翠克丝·波特创作的童书最早将图文完美地结合在一起，是现代图画书的一座里程碑。

毕翠克丝和弗雷德里克·沃恩出版社的所有沟通是通过诺曼·沃恩

《两只坏老鼠的故事》

(Norman Warne)进行的,诺曼和他的两个哥哥共同经营这家出版社。诺曼温和帅气,毕翠克丝机灵可爱,才华横溢,两人一见倾心。他们的合作也越来越多,几乎天天写信。诺曼还和她一起创作了《两只坏老鼠的故事》。这个故事中有一个娃娃的家,诺曼便为侄子手工制作了这样一个"家",建议毕翠克丝去参观。两人约定每年合作出版两本童书。除了老鼠的故事,这一年,毕翠克丝还创作了以刺猬为主角的《温可太太的故事》。1905年7月25日,毕翠克丝收到诺曼写给她的一封特殊的信——向她求婚。此时,毕翠克丝已经39岁,甚至早已做好单身的打算,对于迟到的幸福,她喜

《温可太太的故事》

不自胜。可是毕翠克丝的父母极力反对这桩婚事，不允许女儿嫁给在当时社会地位低下、不被尊重的出版商。毕翠克丝坚持要和深爱自己、自己也深爱的诺曼在一起。几番争执后，毕翠克丝的父母终于同意两人订婚，条件是不能对外宣布这桩婚事。

然而，幸福转瞬即逝。两人订婚后的第三天，诺曼从曼彻斯特出差回

毕翠克丝的习作《幸福的一对》

《汤姆小猫的故事》

来后就病倒了,而此时,毕翠克丝陪同父母去了威尔士。8月24日,毕翠克丝在威尔士给诺曼写了一封很长的信,调侃两人的将来,字里行间充满了爱。8月25日,诺曼的家人催促毕翠克丝赶回伦敦。毕翠克丝8月27日才赶到,却得知诺曼已于两天前去世。她伤心欲绝。几个月后,她画了一幅画纪念诺曼:画中是一片光秃秃的田野。毕翠克丝把这幅画邮寄给诺曼的妹妹,写道:"我努力去想金黄色的稻田和丰收;他的生命短暂,但是他过了很有价值、很幸福的一生。"

此后,毕翠克丝一直戴着诺曼·沃恩送给她的订婚戒指,哪怕是多年后,她嫁给了湖区的律师,也一直戴着。有一次干农活时,她不小心把戒指弄丢了,幸运的是戒指又被找回,她在给朋友的信中写道:"没有它,我的手感到奇怪和不舒服。"

在怀念爱人的日子里,毕翠克丝想到曾经带给她无限快乐的湖区,产生了到乡下生活,经营农场的想法。她用写书的收入买下位于湖区的丘顶

《杰米玛·帕德尔鸭的故事》

农场,并聘请当地的农夫约翰·加农(John Cannon)帮助经营。在几乎与世隔绝的湖区,毕翠克丝时而穿着粗布衣服照顾农场的动物,时而任思绪翱翔,创作新的童话故事。她陆续写出了以湖区农场为背景的插画童书《汤姆小猫的故事》《络腮胡塞缪尔的故事》《杰米玛·帕德尔鸭的故事》和《金杰和皮克的故事》等。

湖区给毕翠克丝带来宁静和创作的灵感,也带给她新的爱人。1909年,毕翠克丝在湖区买下第二座农场,此时,她和几次协助她购买农场的当地律师威廉·希利斯（William Heelis）已经成为无话不谈的好友。毕翠克丝把自己的财务交给威廉打理，对他无比信任，威廉也喜欢上了这位来自伦敦，不怕脏累、喜欢乡下生活的女子。1912年夏天，《托德先生的故事》出版后，威廉向46岁的毕翠克丝求婚。两人于第二年秋天结婚，毕翠克丝继续经营农场，威廉继续做律师。

父亲去世后，毕翠克丝将八十多岁的母亲接到湖区和他们一起生活。大概因为越来越陶醉于乡下的生活和劳作，毕翠克丝的新作越来越少。1921年，一位来自美国的图书管理员安妮·摩尔（Anne Carrol Moore）慕名来到湖区拜访毕翠克丝。安妮是纽约公共图书馆儿童馆的第一任馆长，也是美国图书馆未成年人服务的开拓者，她这次来欧洲的目的是帮助战后重建儿童图书馆。安妮成功说服毕翠克丝复出——1922年圣诞节前夕，毕翠克丝的新作《赛西莉·帕斯莉的童谣》出版。

1924年，毕翠克丝又买下特劳特贝克花园农场。她的饲养业硕果累累，她成为饲养赫德威克绵羊的专家，并担任当地农产品展览的评委。1930年，她被选举为全英赫德威克羊饲养协会的首位女会长。同一年，她的童书《小猪鲁滨逊的故事》出版。

在哈德威克·罗恩斯利的影响下，毕翠克丝也积极保护自然环境，遏止铁路、城市化发展入侵乡间。她用积蓄买下湖区4000英亩面临被分割的土地，将其中的一半低价转卖给英国国民信托组织，并许诺在她去世后将另外一半捐赠给对方。

此时，很少有人能将这位精明能干，习惯了大声讲话，不管是晴天还是风雨天，背着盒饭，拄着拐杖，整日往农场跑的律师太太和小兔彼得、小猫汤姆的作者联系在一起。显然，同名声在外的童书作家、插画师相比，她选择的是宁静的乡下生活，这也是她内心一直渴望的生活方式。

1943年12月22日，77岁的毕翠克丝·波特去世。她委托牧羊人汤姆·斯托雷（Tom Storey）继续帮她经营农场，并让汤姆将她的骨灰撒在她喜欢的湖区的田野里，地点保密。1986年，汤姆·斯托雷去世，再也没有人知道毕翠克丝的骨灰被撒在了哪里。但毫无疑问，她和她热爱的那片土地永远在一起。毕翠克丝留下遗言将她的4000英亩土地全部捐赠给国民信托组织。直到现在，那里依旧保存着她创作童书时的原貌——在湖区散步，你也许会邂逅小猫汤姆、鸭子杰米玛·帕德尔和小不点儿鼠太太。

References

· Lear, Linda (2008) *Beatrix Potter: The Extraordinary Life of a Victorian Genius*，Penguin, London.
· Margaret, Lane (1962) *The Tale of Beatrix Potter: A Biography*, Penguin Books Ltd., London.
· Taylor, Judy et al. (1987) *Beatrix Potter 1866-1943:The Artist and Her World*, F. Waryne & Co., London.
· McDowell, Marta (2013) *Beatrix Potter's Gardening Life: The Plants and Places That Inspired the Classic Children's Tale*, Timber Press, London.
· Norman, Andrew (2014) *Beatrix Potter: Her Inner World*, Pen & Sword Books Ltd., london.
· Guillain, Charlotte (2013) *Beatrix Potter（Author Biographies）*，Raintree, London.

《金杰和皮克的故事》

奥伯利·比亚兹莱肖像

在黑白艺术中挣扎

奥伯利·比亚兹莱

AUBREY BEARDSLEY

只用黑白两色,奥伯利·比亚兹莱展现出时而赤裸冷血,时而高傲冷艳,时而荒唐滑稽,时而甜蜜浪漫的世界。不幸的是,他25岁因病去世,不禁令人想起29岁去世的雪莱、26岁去世的济慈、28岁去世的席勒。天妒英才,他们提前透支了各自的繁华。

奥伯利七岁时被诊断出患有肺结核,死亡如影相随,他无时无刻不在与病魔对峙。他的脑海时常会出现这样一幕,"我半夜惊醒,看到冷白的月光倾泻在房间里,墙壁上挂着的巨大的十字架和流血的耶稣,要掉落下来"。他一直生活在惶恐、不安和焦虑中,他也一直在挣扎。他画中的曲线仿佛在变形,在扭曲,都在寻求各自的避难所。

奥伯利早已成为病魔的朋友,他的色欲、怪诞、狂放、魅惑的作品,是他和撒旦交流的特殊的语言。英国著名艺术评论家罗杰·弗莱评论奥伯利是"被恶魔附身的弗拉·安吉利科",弗拉是修士,喜欢画圣徒,而奥伯利画堕落,画尘世的龌龊和混乱。

奥伯利为奥斯卡·王尔德的舞台剧《莎乐美》画了插图,对方用晦暗诡异的音乐来倾诉内心的孤独,而他则用难以捉摸的笔调来表现脑海中奇幻的意念。

在奥伯利为《黑色的艺术》创作的插图中,有这样一个图注:"奥伯利,原先的新教徒如今已被魔鬼的黑色艺术浸染。"这句话,也正是奥伯利对自己作品的评价。

1872 年 8 月 21 日，奥伯利·比亚兹莱出生于英国南部海边小镇布莱顿，他有一个比他大一岁的姐姐，妈妈艾伦·比亚兹莱（Ellen Beardsley）来自富裕的中产阶级。有人推测，奥伯利画笔下那位高贵而苗条的演员帕特里克·坎贝尔（Patrick Campbell）夫人就是根据他妈妈的形象画的。

奥伯利的爸爸文森特·比亚兹莱（Vincent Beardsley）患有肺结核，也没有工作。全家人先是靠着继承的财产生活，不久便坐吃山空，妈妈不得不做家庭教师，通过教小朋友法语和钢琴课养家糊口。全家人依旧在贫困中度日，他们甚至没有自己的房产，只能借住在亲戚家。尽管经济拮据，妈妈却从未忽视对孩子们的艺术教育，妈妈亲自教儿子音乐，到上学的年龄时，奥伯利·比亚兹莱已经是音乐天才。空闲的时间里，妈妈经常送奥伯利和他的姐姐到有钱的朋友家去玩，让他们跟富人家的小朋友一起，在大房子里弹琴画画，唱歌或者朗诵。

因为妈妈要工作，无暇照顾孩子，六岁的奥伯利被送进寄宿学校，学费是由孩子的外祖父资助的。早慧又寄人篱下，奥伯利很小就懂得了人情世故。1878 年，他六岁的时候写信给妈妈："亲

对页　《莎乐美》插图《孔雀裙》

爱的妈妈,我希望你一切都好,我还不错,这里的男孩子不欺负我,我的作业也不多。我经常去操场玩,我很开心。"又过了不久,他写信告诉妈妈他每天都有布丁吃。圣诞节时,他邮寄了一张自制的贺卡给不善言辞的爸爸,上面写着"爱"。不幸的是,奥伯利七岁时被诊断出患有肺结核——很可能是从爸爸那里遗传而来。在剩余的时间里,奥伯利一直生活在对病情可能加重的恐惧之中。在给朋友的信件中,妈妈哀伤地形容儿子"像是脆弱的瓷器"。

奥伯利在十一岁时就能挣钱了!他照着插画师凯特·格林纳威的插图,帮妈妈的朋友亨丽埃塔·佩勒姆(Henrietta Pelham)女士装饰菜单和婚礼晚餐标志牌,在六周时间里挣到了30英镑。在当时,这笔钱足够普通人家一个月的生活费。

奥伯利一天天长大,愈加懂事,妈妈的健康却每况愈下,直到有一天,她再也没有能力照顾两个孩子。奥伯利和姐姐被送到姑奶奶拉姆夫人家。自此,姐弟俩的处境像极了狄更斯小说里命运悲惨、饱受折磨的小主人公——他们天亮就得起床,天黑就要上床睡觉。他们没有玩具,只有一本破旧的《英国简史》,但这本乏味的书却让奥伯利开启了天马行空的想象,写下"西班牙无敌舰队史"。拉姆夫人是虔诚的基督教徒,她唯一的室外活动是去教堂,两个孩子被要求正装跟随前往,这是令孩子们感到最开心的事情。外祖父了解到孩子们的处境后,实在看不下去了,在他的资助下,十二岁的奥伯利·比亚兹莱成为布莱顿语法学校的学生。

奥伯利在语法学校获得了知识、友谊和鼓励,也是在这个时候,他遇到了自己喜欢的,对方也同样爱慕自己的女孩费尔顿。他们经常会在教堂里遇到。奥伯利写信给费尔顿,收信人是"我的爱"。他请求费尔顿小姐再去教堂时右手持一块手帕,这样做的含义是"你也爱我"。信的落款是"爱你的奴隶和你的崇拜者"。

对于来自贫困家境、敏感体弱的小孩子而言,鼓励尤其重要。英国著名教育家斯宾塞曾经说过:"喝彩和鼓励,可以让自卑的孩子走出泥沼。"幸运的是,在布莱顿语法学校,奥伯利遇到了人生中的第一位伯乐——校监亚瑟·金(Arthur King)。这位老师很欣赏奥伯利的才华,将他的绘画作品发表在校刊上。亚瑟·金本人更喜欢舞台剧,奥伯利也积极参与。他几乎每周都参与表演活动,还为学校设计圣诞演出的节目单和舞台戏装。在亚瑟·金的影响下,奥伯利对舞台剧表演的钟爱甚至超过了音乐和画画。他和姐姐还经常在亲朋好友面前表演,而且是那种筹备很久、很认真的表演。奥伯利的姐姐成了真正的演员,如果弟弟足够强壮的话,也很可能选择去做演员。

生活很残酷,也没有多少选择。度过了充裕美好的少年时光,十六岁的奥伯利·比亚兹莱从语法学校毕业,不得不开始工作。他打算做点有意义的事情,却没有想好什么才是有意义的事情,但首先要养活自己。奥伯利最先在测量局做职员,后来,又申请到保险公司工作。对于奥伯利而言,这两份工作都无聊透顶。他不甘心朝九晚五、庸庸碌碌的生活,一直没有放弃自己的文学艺术爱好。他写信给亚瑟·金:"我上周去看了《麦克白》,很开心……新年后,我就开始上班了,不是不喜欢,但是我的工作好像并不能让我很投入。"这段时期,奥伯利的肺结核日益加重,不得不停止工作在家休养,直到一年后的春天,他的病情才好转。奥伯利回到保险公司上班,并决定重新拾起画笔。他又给亚瑟·金写信:"过去的这一年时间里,我没有动过画笔,过得非常不快乐,我无法忘记画画,并且越来越想画。"

绘画才是奥伯利·比亚兹莱真正热爱的事业。1891年的夏天，十九岁的奥伯利慕名拜访了58岁的英国画家伯恩·琼斯（Burne Jones）。奥伯利将自己的习作展示给伯恩·琼斯看，希望获得他的指导和建议，伯恩·琼斯的评价爽朗而干脆："所有的作品都充满了思想，富有诗意和想象力，你很有天赋并一定可以成为伟大的艺术家。我很少或从未建议过任何人将艺术作为他们的职业，但是你除外。"他的鼓励让奥伯利下决心全力画画。伯恩一直是奥伯利生活中的重要人物，两人在同一年去世。

伯恩·琼斯建议奥伯利去艺术学院进修，奥伯利选择了威斯敏斯特大学艺术学院的夜校课程，当时这所学院的负责人是英国印象派油画家弗雷德里克·布朗（Frederick Brown）。从1891年到1892年，奥伯利在此学习了整整一年，这也是他接受的唯一较正式的艺术培训课程。奥伯利白天上班，晚上学画，中午吃饭的间隙，他会去保险公司附近的书店看书，并很快和这家书店的老板弗雷德里克·埃文斯（Frederick Evans）成为好友。奥伯利提出用自己的画作交换书店里的书，在看过他的作品后，埃文斯欣然允可。书店老板把奥伯利·比亚兹莱的画作摆放在书店的橱窗里，吸引过往的顾客。

1892年的一天，出版商约翰·登特（John Dent）在书店和埃文斯闲谈，他打算再版托马斯·马洛里的散文名著《亚瑟王之死》，却苦于找不到合适的插图师。与以往出版物不同的是，这次印刷不再采用当时印刷界惯用的手绘雕版印刷术，而是使用印版，如此可以大幅度地降低印刷成本，扩大印量。两人正谈着，奥伯利恰好步入这家书店，埃文斯把他介绍给登特，并推荐他来画插图。简直是天赐良机。登特对奥伯利画的样品很满意，决定让他来画《亚瑟王之死》中所有的插图。

机会只属于有准备的人。此时，奥伯利·比亚兹莱已经逐渐形成了自己的绘画风格。他受伯恩·琼斯的影响最大，尤其喜欢伯恩·琼斯画作所营造的梦境和浪漫气息。他最喜欢的作品是那幅《国王可菲丢阿和讨饭女》（现收藏于伦敦泰特艺术馆）。奥伯利的早期油画作品《追随父亲鬼影的哈姆雷特》，画中主人公哈姆雷特深陷于险恶的森林，脸色憔悴，恐慌不安，作品中的人物和环境设置，明显仿效了伯恩·琼斯作品的风格。意大利画家安德列亚·曼坦尼亚（Andrea Mantegna）也带给奥伯利很多灵感。奥伯利曾经建议朋友和他一起去参观伦敦郊区的汉普顿宫："曼坦尼亚的杰作《恺撒的胜利》就在那里，观看这幅作品本身就是一种学习和培训。"《恺撒的胜利》也是荷兰后印象派画家凡·高最钟爱的作品。奥伯利还被印象派画师詹姆斯·惠斯勒（James McNeill Whistler）的画所吸引。他曾经在一位收藏家朋友那里看过惠斯勒的原作———一组带有日本风格的装饰作品《孔雀厅》和油画《来自陶瓷国家的公主》。奥伯利评价这些作品："人物非常优美，画得十分细腻。"他同时钟爱伯恩·琼斯的老师、英国拉斐尔前派画家但丁·罗塞蒂（Dante Gabriel Rossetti）的作品。罗塞蒂的作品通常从意大利诗人但丁那里获得灵感，描绘中世纪的梦境，奥伯利评价他的作品"太伟大了"。除了欣赏大师的杰作，奥伯利还经常到大英博物馆临摹古希腊的瓶画。

奥伯利·比亚兹莱用十八个月完成了《亚瑟王之死》的三百多幅插图，在这些作品中，他摒弃了一些中世纪画作风格的元素，添加了一些幽默和幻想的成分。英国拉斐尔前派画家、设计师威廉·莫里斯（William Morris）却不喜欢这些插图，慨叹奥伯利·比亚兹莱一定被灵异附体。这些插图让威廉感到恐惧不安，他劝说出版商不要出版这些作品。

在奥伯利的画笔下,他所接触到的所有东西都被他消化吸收变成了他想象中的东西。谈到他画的《蝉夫人的生日》,奥伯利表示:"这幅画的主题的确有些不得体,画中有阴阳人、身着小丑服饰的人和身着现代服饰的人,这是我自己创造的一个新的世界。"他所创造的这个世界里有妖冶的女子,有怪异的侍从,有看上去无知幼稚的花花公子,有一脸茫然的长者,有背负罪恶的苍白的老妪,有目中无人的贵妇——他的作品是在讲故事,而非故事的装饰。在他的画笔下,即使一枝黑木上生出的水仙花,也显露出凄凉与孤傲的气质。

上帝是公平的,夺走了奥伯利·比亚兹莱的健康,却让他在热爱的事业上如鱼得水。书店的老板登特又引荐奥伯利认识了即将创办艺术杂志《工作室》的主编刘易斯·海因(Lewis Hind)。刘易斯·海因对奥伯利的作品爱不释手,在杂志创刊号上发表了他的作品,并邀请美国作家彭内尔(Joseph Pennell)撰写文章进行推介。奥伯利·比亚兹莱迅速成名。

不久,奥伯利和自己的密友、知音、冤家和敌人奥斯卡·王尔德相识。自此,两位意气风发、锋芒毕露,又都才华横溢的男子"相吸相克"了大半生。1893年3月的某一天,王尔德把自己的《莎乐美》邮寄给奥伯利,并写道:"给奥伯利·比亚兹莱,你是除我之外,唯一懂得七层纱巾舞的含义并能看到无形的舞蹈的艺术家。"显然,王尔德很欣赏奥伯利,他从后者的作品中看到了自己的影子。之前,奥伯利·比亚兹莱曾经在伯恩·琼斯家见过王尔德,但当时奥伯利并不喜欢,甚至厌恶这位语言华丽、能说会道、飞扬跋扈的家伙。而事实上,他又深深地佩服王尔德,为其才华倾倒。他们两人都是独一无二的另类,具有非凡的智慧。奥伯利还曾经把王尔德的肖像摆放在自家壁炉上。

《莎乐美》插图

奥伯利为《莎乐美》画的插图《莎乐美的梳洗室》修改前（左）与修改后（右）

奥伯利为《泼墨》（Pall Mall）杂志绘制的插图　　奥伯利设计的海报

在王尔德的邀请下,奥伯利为《莎乐美》画了插图,这些几乎是"恶作剧"的插图令奥伯利成为舆论界的众矢之的。在这些作品中,他把情色元素运用到了极致。出版商感到很为难,希望奥伯利对画作进行修改,比如《希罗底登场》中,出版商对赤身裸体的奴隶男孩很不满意,奥伯利便随意画了一片无花果叶,将男孩的隐私处遮掩住。引起争议的另一幅插图是《莎乐美的梳洗室》,莎乐美的梳妆台上散落着当时法国颓废派运动的"圣经",包括夏尔·波德莱尔的《恶之花》和左拉的现实主义小说《土地》。当时这两本书在英国被认为是色情文学,是禁书,奥伯利不得不创作了第二个版本的《莎乐美的梳洗室》。即便是那些发表了的插图,在当时英国公开发表的所有作品中,也算是超大尺度了。奥伯利还把王尔德"藏"在了插图里。在《希罗底登场》中,莎乐美的妈妈是由一个嬉皮笑脸的人物介绍出场的,这个人就是王尔德。在《莎乐美》中,王尔德时而是魔术师,时而是月亮中的女人……这本插图书让奥伯利·比亚兹莱声名远扬,但大都是不好的名声,并且这本插图书也将王尔德塑造成了诡异、难以捉摸的形象。

  两个男人之间的关系也有了微妙的变化。当时,王尔德名声在外,貌似是他给奥伯利一个机会,帮他成名,但奥伯利并不领王尔德的情。奥伯利最喜欢的作家是与莎士比亚同时代的剧作家本·约翰逊(Ben Johnson)和法国剧作家让·拉辛(Jean Racine)。他知道哪些是好文学,认为王尔德的作品不过是自己插图的配文。奥伯利虽然敏感,却单纯简单,他以为在王尔德心目中自己依旧是那个刚毕业的大男孩。当他提出将《莎乐美》翻译成英文时,王尔德拒绝了他——奥伯利将此视为对方和自己分道扬镳的暗示。

  1894 年 4 月,《黄皮书》的出版又将奥伯利·比亚兹莱带入大众的视野。奥伯利任这本杂志的艺术主编。1894 年 1 月,他曾写信向朋友解释办

《黄皮书》的初衷:"有很多精彩的油画家和插画师的作品在传统的杂志上无法发表,或者是因为话题不够流行,或者太伤风败俗,我们为这些作品提供平台。"《黄皮书》意在挑战主流的文艺,当时的《泰晤士报》认为杂志内文充满"英国的粗暴和法国的隐晦",对这份杂志的评价是"令人厌恶,充满傲慢"。尽管负面评价沸沸扬扬,《黄皮书》的前四期期期热销。《黄皮书》的封面尤其吸引人,这些封面都由奥伯利亲自绘制。也是在这个时期,奥伯利塑造了奇装异服的女演员帕特里克·坎贝尔夫人,画交际花的一个夜晚……这些作品令大多数人不知所云,却博得少数几个智者会意的一笑。

奥伯利的经济状况有所好转,他终于在伦敦买得起房子,但房子的装饰令人诧异。他的艺术家朋友威廉·罗森斯坦(William Rothenstein)回忆:

奥伯利为《黄皮书》设计的封面

奥伯利为《黄皮书》1894 年第二期绘制的
插图《芭蕾喜剧演员》

奥伯利为《黄皮书》设计的封面

"他的卧室的墙是鲜艳的，令人精神错乱的橘色，房间的门和墙围是黑色。"有了房子后，奥伯利变得爱好交际，他经常在家里举办茶会，邀请年轻的作家、艺术家、《黄皮书》的撰稿人来家里做客。1894 年到 1895 年是奥伯利在伦敦文艺圈最活跃的一年，他的朋友英国讽刺画家麦克斯·毕尔邦（Max Beerbohm）称这一年是"奥伯利·比亚兹莱的时代"。除了画画，奥伯利喜欢看舞台剧和听音乐会，对理查德·瓦格纳（Richard Wagner）的歌剧着迷。同一时期，奥伯利的绘画风格也略有改变，他的作品中分散人注意力的部分和装饰的部分在消失，主人公更鲜明，作品中的怪诞元素也在减弱。

意想不到的是，奥伯利突然丢掉了饭碗，原因是王尔德，尽管那时他们两人早已形同陌路。1895 年 4 月，昆斯贝理侯爵（Marquess of Queensberry）不满儿子和王尔德交往，起诉王尔德是鸡奸者，王尔德上诉昆斯贝理侯爵诬告毁坏他的名誉，结果上诉失败。因有伤风化的行为，王

奥伯利为《萨伏伊》设计的封面　　　　　　　　奥伯利自画像，发表于《萨伏伊》1896年第二期

尔德被捕入狱。王尔德被捕后的第二天，英国《观察家报》在头版发文章呼吁："颓废，关于艺术的丑陋的定义，这些必须被阻止！"报道中提到，王尔德被逮捕时选择带到监狱里去看的书是一本黄皮的法国小说，报纸纷纷就此大做文章，刊登标题"手持黄皮书的奥斯卡·王尔德被捕"。因为莫须有的罪名，《黄皮书》杂志的声誉严重受损。奥伯利曾经和王尔德合作过，人们也总是习惯于把两人联系在一起。其他作者开始威胁出版商，诗人威廉·沃森（William Watson）要求出版商："撤销奥伯利·比亚兹莱的所有作品，否则我将停止和你们所有的合作。"迫于压力，出版商不得不撤销了第五期《黄皮书》中奥伯利·比亚兹莱的所有作品，并中止了他在杂志社的工作。

突然被解聘，奥伯利不仅失去了谋生的手段，连位于伦敦的住所也保不住了。他的处境也与之前有天壤之别，他的周围不再有称赞和艳羡，更多的是挖苦和敌意，他的健康也每况愈下。此时，曾经做过律师，进军出版业的伦纳德·史密瑟斯（Leonard Smithers）向奥伯利抛出橄榄枝，邀请他为即将创办的杂志《萨伏伊》工作，并许诺每周向他支付25英镑的生活费补贴。从1896年1月开始，奥伯利陆续在《萨伏伊》上发表插图作品，以及他的长篇浪漫小说《在山下》，只是到他去世前，这本小说也没有完

奥伯利创作的《在山下》插图，发表于《萨伏伊》

成,后来已发表的图文被结集出版,名为《维纳斯和唐怀瑟》。此时,奥伯利的画风又有了一些改变,因受了法国洛可可艺术家让-安东尼·华托(Jean-Antoine Watteau)的影响,奥伯利在自己的作品中大量运用"C形"、"S形"或螺旋旋涡状曲线,显得更和谐与平衡。小说《在山下》的插图《神父》是奥伯利·比亚兹莱这个时期的杰作,很多艺术评论家认为,这幅画实际上是他的自画像——他似乎在表明自己是艳星簇拥的花花公子。这幅画作所体现的"纨绔主义"是当时颓废派代表诗人和艺术家的特征之一,比如波德莱尔和王尔德都曾津津乐道自己是唯美主义的纨绔子弟。

1896年3月,奥伯利去巴黎出差,他的肺结核病突然加重。之后的22个月,他一直在求医问药中度过,同时他也坚持创作,尽可能地完成更多的作品。1896年的夏天,他回到伦敦,从塞姆·汤普森(Symes Thompson)医生那里了解到,自己已经病入膏肓。他在一封信中写道:"我开始抑郁,感到越来越害怕。"1896年7月,他立下了遗嘱。而与此同时,他在这一年完成的作品,简直可以用登峰造极来形容。完成《卷发遇劫记》的插图后,伦纳德·史密瑟斯请奥伯利为古希腊作家阿里斯多芬

《卷发遇劫记》插图《梳洗室》

《卷发遇劫记》插图《观光》

《卷发遇劫记》插图《梦想》

《利西翠妲》

（Aristophanes）的情色喜剧《利西翠妲》画插图。这本书只出版了100本，是奥伯利·比亚兹莱的杰作。他的兴趣又转移到古罗马经典剧，为《第六讽刺》画了插图。奥伯利最后完成的作品是出版于1897年3月的《片刻的丑角》，此时，肺结核病已经严重地影响了他的创作。几个月后，他突然决定皈依罗马天主教。在医生的建议下，1897年的秋天，奥伯利在妈妈的陪护下，到法国南部海岸小镇蒙顿生活，以躲避北方寒冷的冬天。大多数时间，奥伯利卧床不起，但是倘若有一点精神气，他便继续画画。一张拍摄于1898年的照片显示，奥伯利坐在酒店房间里，他的胸前戴着十字架，他背后的墙上挂着一幅曼特尼亚画作的复制品。1898年3月15日的晚上，奥伯利·比亚兹莱安然离世。他被埋葬在蒙顿的山丘墓园中，眺望着小镇——他只有25岁。

《利西翠妲》

喜欢奥伯利·比亚兹莱画作的中国文人很多，比如郁达夫、郭沫若、闻一多和徐志摩等。鲁迅还在《集外集拾遗》中写了一篇《比亚兹莱画选小引》评价奥伯利·比亚兹莱："把世上一切不一致的事物聚在一起，用他自己的模型来使他们和谐统一。"

　　奥伯利·比亚兹莱的作品里充斥着罪恶、恐慌和情色，他努力在自己残缺的生命里展现饱满的世界，他所展现的世界并不是一个单纯的世界，而是一个幽灵的世界，是被他自己的记忆、渴望加工凝练过的世界。他用一种特殊的语言同撒旦对话、抗争，其实所渴求的，不过是继续活下去。

References

· Reade, Brian (1966) *Aubrey Beardsley, Victoria & Albert Museum*, London, Her Majesty's Stationery Office, London.
· Weintbaub, Stanley (1967, 2000) *Aubrey Beardsley (Imp of the Perverse)*, iUniverse.com, Inc., London.
· Symons, Arthur (1898, 1948) *Aubrey Beardsley*, the Unicorn Press Ltd, London.
· Slessor, Catherine (2000) *The Art of Aubrey Beardsley*, Quantum Publishing, London.
· Pearson, David (1966) *Beardsley*, Courtier Fine Arts, London.

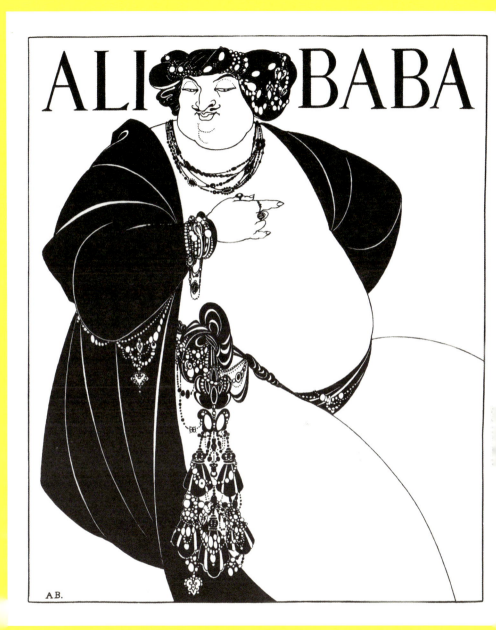

《阿里巴巴和四十大盗》插图《阿里巴巴》

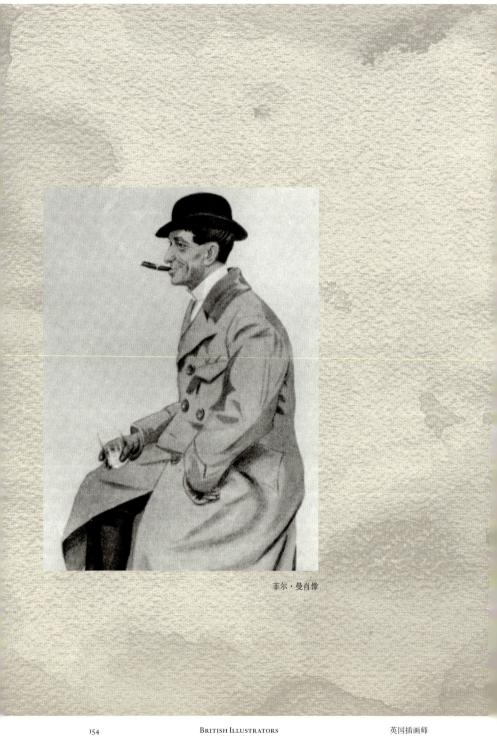
菲尔·曼肖像

用线条作画的黑白艺术大师
菲尔·曼

Phil May

比菲尔·曼大三十岁的著名印象派画家惠斯勒认为,黑白艺术用两个词就可以概括——菲尔·曼。

在贫困的单亲家庭中长大的菲尔一心想离开利兹去伦敦发展,然而,伦敦并非所有人的伊甸园。刚到伦敦时,菲尔找不到工作,穷困潦倒,只能睡公园、街道,甚至不得不乞讨。大概是这段经历让菲尔深深体味到无助和孤独,也体味到来自陌生人的温情。他的画笔像是长了眼睛,把看到的三教九流、人生百态描绘出来。在他的画笔下,无趣的生活也变得活泼动人,糟糕的倒霉事儿也会令人喜笑颜开。

菲尔喜欢把自己画成一个间谍,叼着烟卷,面带微笑。除了爱抽烟,菲尔更爱喝酒,但即使喝到酩酊大醉,他也会关心睡街头的乞丐。他慷慨大方,常帮人埋单。他没有架子,经常泡吧和老伙计们聊天儿。菲尔的身边聚满了那些爱占他便宜的人,但是帮起他们,菲尔从不犹豫。

菲尔的作品让漫画成为艺术品。他的每幅作品都在讲他自己观察到的故事。他不喜欢那些繁冗复杂的细节,他用长长短短的线条构图,他喜欢留白,让人们的眼睛可以呼吸。英国艺术评论家玛丽昂·斯伯曼评价菲尔:"他用笑的哲学,以旁观者的眼光,用铅笔表现真相;他很坦率直白,他通过有趣的视角画出人和事物原本的样子。"

菲尔·曼，首先是个酒鬼。在他可以尽情挥霍自己的财富和健康的日子里，他每天都会喝三四瓶威士忌！他在伦敦的一家小酒馆里度过了大部分的时光，花掉了大部分的收入——如今这家小酒馆仍然存在，却找不到任何和他有关的痕迹。

1864年4月22日，菲尔·曼出生于利兹的郊区，他是八个孩子中的第七个。他的妈妈莎拉·简（Sarah Jane）是爱尔兰人，曾在剧院里工作；他的爸爸尝试做各种生意，却总失败。更不幸的是，菲尔只有九岁时，爸爸在一次骑马事故中意外身亡。在主要靠男人挣钱养家的时代，爸爸的去世意味着家里断了收入，一家人的生活举步维艰。在亲戚的接济下，菲尔才得以上了几年学。他是懂事、爱学习的孩子，在学校时就赢得过绘画奖。老师评价他乐观，对生活充满热情，又有领导天赋。当时的利兹正处于工业化革命的震荡期，大人们在工厂里忙碌，忍受艰苦繁重的体力劳动，体验无处不在的人情冷漠。菲尔经常和哥哥在破破烂烂的街头巷尾玩耍，自由自在，像是没人管的孩子，这也是他童年最

对页《街头流浪儿》

快乐的时光。菲尔十三岁时,不得不去工作,他还没有足够的时间憧憬未来,理想就被现实扼杀了。第一个理想做赛马师,是受了爸爸的影响,但因为爸爸的遭遇,这个理想早早就破灭了。他的第二个理想是做舞台剧演员。他总能轻而易举地进入角色,到处是他的道具——纸做的帽子可以是王冠,废弃的窗帘可以成为国王的披肩,寒酸的街巷算是华丽的宫殿。这个理想也是有渊源的,在很多漫长冰冷的夜晚,菲尔和兄弟姐妹们围坐在妈妈身边,听妈妈讲在伦敦生活的姑姑的故事。姑姑是演员,出演过《雾都孤儿》的主人公奥立弗、《黑眼睛苏珊》中的主角苏珊,姑父是演出公司老板。在菲尔心目中,伦敦意味着衣食无忧,意味着出人头地的生活,伦敦梦的种子早早在他的心间播下、生根。菲尔的老师也是舞台剧爱好者,他鼓励菲尔上台表演。一次成功的公演后,菲尔感到很有面子,他再也不会因为没有爸爸或者家贫而感到自卑,或抬不起头。课余时间,他还联合四五个男孩成立了"英雄俱乐部"舞台剧团。

美好的校园生活结束,菲尔的童工生涯开始。他首先在哥哥那里做了一段时间的粉刷工,然后开始到处打杂。在中介公司,他不小心把牛奶洒在规划图上,吓得不敢回去上班;他在铸铁厂做计时员,总是通融迟到的工人,结果遭到开除。他和在利兹剧院工作的弗莱德·福克斯(Fred Fox)的儿子成为好朋友,经过这个小伙伴的推荐,他被介绍到刚开业的利兹宏伟大剧院工作:布置舞台,画背景幕板。和剧院的演员熟识后,菲尔自告奋勇给他们画肖像,最初完全是画着玩儿,后来也出售。随着他画技的增长,他的作品价格从一先令涨到了五先令。他的画作还被裱好挂在剧院门口,吸引过往顾客。这些作品的风格不一,有的是简洁的勾勒,有的是细腻的素描,对一个没有受过任何绘画训练的十来岁的孩子而言,这简直是奇迹。菲尔·曼后来回忆："正是从这个时候，我的艺术生涯渐渐开始。"在剧院舞台设计师的鼓励下，菲尔又开始设计舞台剧装，这些作品同样被认可。不久，十四岁的菲尔·曼被邀请为当地的漫画报《约克郡闲话》画插图，他觉得要轰轰烈烈做一番事业了。

可是，菲尔并没有忘记深藏在心底的伦敦梦、演员梦，决定去伦敦闯一闯。他先去投奔伦敦的姑姑和姑父，结果，他们对侄子从事表演的想法并不支持。他们陪他在伦敦游览了几天，然后给他买了返回利兹的火车票。菲尔不甘心，倔强地决定哪怕举目无亲，也要在伦敦闯荡。结果是没有人肯为他提供工作的机会。大多数时间，他在剧院外面瞎晃。他的积蓄越花越少，住不起旅馆，就睡街头，睡在伦敦堤岸附近和科芬园附近。很快他身无分文，不得不乞讨。正是这段经历让菲尔饱尝人间冷暖，目睹世态炎凉，他才得以迅速成长，在作品中大彻大悟。然而，这段痛苦的经历也损害了菲尔的健康，让他没有能力抗御日后的工作压力。

菲尔·曼的绘画天赋终于将他从泥沼里拯救出来。伦敦一家照相馆的老板欣赏他的素描，印刷了一些作品售卖，还邀请菲尔·曼随时到他家吃饭。这些作品引起剧院老板润森的注意，润森介绍菲尔和英国著名喜剧演员莱昂内尔·布拉夫（Lionel Brough）相识。布拉夫推荐菲尔到《社会》周刊工作，为对方画冬季刊。菲尔为1884年的《社会》冬季刊画了整整两版插图，名为《社会的七个纪元》，共包括178幅人物肖像。在《社会》周刊的工作结束后，菲尔又四处求职，但都不尽人意。他的健康每况愈下，此时，放弃伦敦，靠着已有的工作经历去利兹求职，貌似是最好的选择了。

菲尔垂头丧气地回到利兹。机会突然从天而降，他的朋友阿利森发电报告诉他：不久前《史蒂芬评论》邀请别人画的一组插图让老板很失望，

《往皇家艺术学院送画的日子》

并问菲尔是否愿意重画这组插图。菲尔毫不犹豫地接下了这个活儿,并在一周内完成。喜剧演员莱昂内尔·布拉夫也没有忘记这位有天赋的画家,在筹备《妮尔·格温》演出时,他建议菲尔担任舞台戏装设计师。1885年,《史蒂芬评论》改版成为以插图为主的杂志,菲尔被聘为杂志的正式员工,他的工作包括为杂志画政治漫画和舞台剧场景等。此时,菲尔·曼21岁。

工作有了起色,菲尔也更加自信,他开始勇敢追求自己喜欢的女子。莉莲是剧院对面百货店的老板娘,菲尔经常去她的百货店买烟,被她的美丽开朗吸引住了。菲尔扮丑角说傻话,逗莉莲欢心,莉莲也被菲尔的浪漫

《高高在上的马车夫》

《在文学家和艺术家的宴会上》

和幽默所吸引,两人的关系越来越亲密。尽管莉莲比菲尔大,有过一次婚姻,但这些刻板的教条都不能约束菲尔的选择。两人结婚后,菲尔更加努力地画画。更美好的是,婚后不久,他们移民到温暖宜人的澳大利亚生活。那是 1885 年秋天,菲尔在伦敦遇到澳大利亚《悉尼公告》的总监特雷尔。特雷尔正在找能给他们画漫画的人,他一下被菲尔的作品所吸引,双方协商后,菲尔同意远赴他乡为《悉尼公告》工作,薪水 30 英镑一周。1885 年 11 月 11 日,菲尔和夫人乘船前往澳大利亚。

在澳大利亚工作的三年时间里,菲尔画了九百多幅插图、漫画和讽刺画等。他幽默慷慨谦虚,受到很多人的喜欢。衣食无忧,新鲜的生活环境和新的艺术家朋友,都令菲尔大开眼界,也影响了他的创作。他的身体状况也越来越好,唯一不足的是,重复性的绘画越来越吞噬这位艺术家的创造力。和《悉尼公告》的工作合约还未到期,菲尔获得了另外一个机会:澳大利亚的媒体大佬、政治家西奥多·芬克(Theodore Fink)提出赞助菲尔到罗马和巴黎进修绘画。在澳大利亚生活了几年,他早已开始想家,回欧洲的机会正是他所求之不得的。无论罗马还是巴黎都离伦敦很近——菲尔日思夜想的是伦敦。1888 年的秋天,他带着学费上路了。

到罗马后,菲尔全心学习绘画。他最崇拜的画家是荷兰画家弗兰斯·哈尔斯(Frans Hals)。哈尔斯擅长画人物肖像画,其画作生动形象,多表现社会不同阶层中的人物与生活,比如军官、士兵、海军上将和商人等。除了学习传统的杰作,菲尔更重视观察身边活生生的人,从周围环境和身边的人物中寻找素材。也就是说,他自己的世界才是他最好的学校,亲身经历对他画作的影响远远超过那些冰冷的杰作。他告诫年轻的艺术家,要从生活、从生命个体中寻找绘画的灵感。他随身带的笔记本上画满了各类素

菲尔·曼将巴黎的朋友亨利·汤姆逊画进自己的作品里

材,他不停地画,无论是在路边、树荫下、还是咖啡馆,只要他手边有笔,他的手就不会闲着。他会给信封上贴着的死气沉沉的"维多利亚女王"(邮票)迅速加顶活灵活现的帽子;他会在信件结尾画上叼着烟卷傻笑的自画像;他会在晚宴中,在自己或邻座的菜单上画讽刺画。

以罗马为中心,菲尔经常回伦敦,并在巴黎开设了自己的工作室,英国油画家亨利·汤普森(Henry Thompson)和他共享这间工作室。闲暇无事时,菲尔会为亨利画素描,亨利也会怂恿菲尔去画油画。很多艺术评论家提出菲尔·曼根本不会运用色彩,只会画黑白画,可能事实也的确如此。菲尔已经习惯了把自己的绘画对象看作黑白色。休伯特·冯·赫科默(Hubert Von Herkomer)爵士也是画黑白画起家,后来画色彩画照样游刃有余,他认为菲尔·曼同样有画色彩画的潜力。他说服菲尔尝试画色彩画,结果,菲尔对自己的色彩画作品非常失望。他的直觉和本能全用于画素描画,沉迷于挖掘线条的神奇和魅力。他用线条来构图,线条的长短和搭配成就了画作。他觉得自己的天赋就在于此,而非色彩画。很确定的是,菲尔所有的兴趣和野心都集中在黑白画上,现存寥寥无几的几幅彩色插图也多是用淡彩描在线条之上的作品,而且,这些作品通常由其他人涂色完成。

英国艺术评论家,《鉴赏家》杂志主编马里昂·斯皮尔曼(Marion Harry Spielmann)评价菲尔·曼:"他下笔缓慢而仔细,通常先画人物的额头和鼻子,如果额头和鼻子画得令他满意了,他才继续画人物的脸和面部表情;如果要画的人物形象迟迟不能决定,菲尔·曼会随时在脑海里想象,有灵感时,便在袖口上、信封背面分别画出人物的鼻子、嘴巴和下巴……然后把各部分拼凑起来。"为了研究绘画人物肖像,菲尔还特别学习了查尔斯·达尔文的著作《人类和动物的表情》。有意思的是,一百多年后,风靡世界的社交网络脸谱网(Facebook)的卡通化表情符号,也是受到这本书启发而设计的。

菲尔·曼主张在漫画作品中,用最简洁的词语表达主题,他认为过多的言语和解释,会把笑话元素给人们带来的瞬间的触动打得烟消云散。在他的一幅漫画作品中,一位晚归的训狮员,大概是怕老婆的数落,便从一群野兽中寻找庇护。他靠着一只野兽扬扬得意地呼呼大睡;此时,他的妻子提着灯站在笼外,嘲笑道:"你,胆小鬼!"言外之意,丈夫怕老婆而不是野兽。菲尔和朋友翻来覆去地讨论,他认为"你"没有必要,应该去掉。他还喜欢在作品中留白,给观者的眼睛呼吸的空间。

菲尔的笔下有穷人的忧伤,也有穷人的快乐。比如,他画的贫民窟图中,无论老人还是小孩,都正欢快地伴着钢琴曲起舞,这就是他们生活的一部分。菲尔·曼画作的最大魅力在于他可以让原本很哀苦的场合变得很有趣。在他的很多漫画作品中,隐藏着生活的辛苦和悲怆的暗流,但是他作品的目的并非让人因此感伤,而是让人们能够苦中寻乐。他最喜欢画街头的小人物,用幽默轻松的视角和画笔,再现穷人原本的生活。他其实是一个在讲笑话的人,他的使命不是渲染生活中悲哀的一面,而是在承认悲哀的同时,展现出生活中轻松快乐的一面。幽默本身是一种含有哲学意味的智慧,既不是谩骂,也不是讽刺,而是在冷峻背后透着的温暖。

《爱发牢骚的先生和太太之间的对话》

《乐观主义者》

《一位不受欢迎的偶像》

从澳大利亚回来后，菲尔的事业蒸蒸日上，他的作品发表在更多报刊上，包括《带我走》杂志《素描》杂志和《英国画刊》等。英国《每日纪事》报称赞菲尔的画技，并用三栏长文介绍他的插图作品集，评价菲尔·曼是英国黑白艺术插图大师。1892 年，菲尔成功创办了个人杂志《年鉴》。《年鉴》被认为是菲尔·曼最优秀的作品集，因为他可以任意选材创意，每幅作品都是杰作。这份杂志总共出版了十三册冬季刊和三册夏季刊，头几册的销量都超过五万册。后来，菲尔为英国老牌幽默杂志《笨拙》杂志画画，并在 1895 年成为《笨拙》杂志的员工，他一直为这份杂志工作，直到去世。

菲尔·曼为《年鉴》绘制的插图

尽管菲尔的收入大增，但是他花钱如流水，常常在这一周就花光了下一周的薪水。他总是很慷慨，会在酒吧里为所有人埋单；看到在街头卖报纸的小男孩，他会支付比报价高十倍的钱买一份报纸；看到街头的流浪汉，如果口袋里没有现金，他可能会把自己的大衣，或者戴的金表送给对方。菲尔的真诚和善良招致的却是无数次欺骗和被利用。他的周围聚满了寄生虫——好吃懒做、骗吃骗喝的人。那些从未在舞台上表演过任何角色的演员，冒牌记者，声称生意失败的人，不需要多少演技，就轻而易举地博得菲尔的同情，一次又一次获得他的资助。很多人甚至伪造菲尔·曼的签名，因为他们很确定，菲尔自己也搞不清为哪些账单埋过单，开过哪几张支票。

菲尔的善良还让他惹了官司。一次，菲尔把自己的一幅素描画卖给美国的一位收藏家，挣了50英镑。他马上用这笔钱给自己买了一件皮大衣，穿着皮大衣到常去的酒吧显摆，说："穿这样一件大衣，让我看上去像是脸色红润的澳大利亚百万富翁！"——像是国王在展示自己的王冠。凌晨，醉醺醺的菲尔离开酒吧。当时天气很冷，还下着雪，他想找马车，但是街道上空空的，根本找不到，他决定走回家。他路过花园的长椅，看到一名流浪汉躺在长椅上熟睡，就把自己的大衣脱下来，盖在流浪汉的身上。他的乐善好施给流浪汉带来的却是麻烦。第二天，警察质问流浪汉怎么会有这么昂贵的大衣，并怀疑是他偷的，流浪汉也无法解释。幸好警察在大衣口袋里看到杂志社编辑写给菲尔·曼的信，菲尔被邀请出庭作证，证明流浪汉无罪。

因此，菲尔总是囊中拮据。按说越缺钱越该努力画画挣钱，他却不紧不慢，甚至很少准时完成作业。杂志社的编辑不得不派人去找他，催促他完成约画的作品。好几次，去取作品的人站在菲尔身边，等着他画完。菲尔·曼的作品备受追捧,《素描》杂志主编发话,假使菲尔画了多余的作品,无论画的什么内容,都按照五英镑一幅的价格买回来。菲尔也习惯了这样的交易,钱一花光,就马上画一幅素描到杂志社换取现金,仿佛他画的不是素描,而是支票。

可惜的是,菲尔喝酒越来越上瘾。这种习惯给他带来的不是创作的灵感,而是副作用。他越来越瘦,身体也越来越差,为阻止他过量饮酒,妻

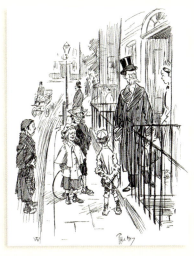

《街头流浪儿》

子不允许他独自出门。除了喝酒，菲尔也抽烟。他同时享受着烟和酒带来的乐趣，又同时被两者毒害着。沉迷于烟酒也不会影响菲尔的幽默和浪漫。一天凌晨四点，朋友送酩酊大醉的菲尔回家，车路过刚开张的鲜花市场，他要求下车说要买玫瑰送给妻子莉莲。回到家，莉莲已经熟睡，菲尔悄悄把花摆放在莉莲床的周围，摆了整整一圈。当然，这大概也是避免对方埋怨自己晚归的良策。又一次，菲尔在快要天亮时才回到家，他蹑手蹑脚怕吵醒莉莲，但脱鞋时还是弄出了响声，莉莲问："你要去哪里？"菲尔镇定地回答："我今天要早起！"说完，他便下楼去吃早餐了。

菲尔很喜欢狄更斯的小说。狄更斯用文字，而菲尔用画笔描绘这个有阴影也有美好的世界。1898 年，他决定为狄更斯的作品《大卫·科波菲尔》画插图，这本书的主角大卫正是狄更斯的缩影。然而，画插图的工作因菲尔的病情推迟，"很抱歉地告诉你，因为之前的半年我一直在生病，没法认真工作……我会尽快完成那些常规的工作，然后认真去画《大卫·科波菲尔》"。所有人都期待着伟大的艺术家和伟大的作家之间的合作，那一定是留存于世的杰作。然而，也许沉迷于烟酒，也许受病魔的折磨，遗憾的是，菲尔并没有完成《大卫·科波菲尔》的插图版。

但这并不影响他的声誉。菲尔一生都很谦逊，爱交朋友，善解人意，乐于助人。朋友评价他："尽管他后来挺失败，也有不少缺点，但是菲尔·曼很招人喜欢。他总是很绅士，很有修养，对任何主题都能够侃侃而谈。他也很聪明，充满智慧，并且是音乐爱好者。我曾经见他失态过，抑郁过，也见他发过脾气，但是这些丝毫不影响他的魅力。"

1903 年 8 月 5 日，菲尔·曼去世，他死于肺结核和肝硬化。在病重期间他也没有停止画画，他的病床前时常有一位模特，供他素描写生。菲尔·曼

《一位法国农民》

是维多利亚时代晚期的记录者，也是将艺术和幽默完美融合在一起的最早的画家之一。因为打破常规，菲尔·曼和他的黑白作品被铭记在英国艺术史，英国国家肖像博物馆收藏有十幅他的作品，伦敦泰特艺术馆收藏有四幅他的钢笔素描画，格拉斯哥合作艺术馆藏有十七幅，利兹的博物馆收藏有七十幅他的作品。

同25岁去世的奥伯利·比亚兹莱相比，菲尔·曼39岁去世，仿佛要幸运一点儿。两人同被认为是19世纪90年代最重要的黑白插画艺术家。他们的风格迥然不同，甚至是两个极端：前者完全靠想象，后者完全靠观察；前者的作品黑暗而诡异，后者的作品风趣接地气。两人也有过交集，奥伯利和菲尔经常在各类聚会上相遇，朋友评价他们："奥伯利·比亚兹莱话很多，总是滔滔不绝，菲尔·曼不喜欢说话，只是温和地微笑。"

在一幅自画像里，菲尔·曼把自己画成"间谍"。他身穿大风衣，叼着烟卷，微笑着，不动声色地观察着周围的人。他看到流浪儿藏在心底的骄傲，看到贵妇人的空洞与虚荣，看到穿制服的警察的软弱，他悄悄地把所观察到的画在随身带的手帕上、纸巾上……他画的，就是你周围的人。

References

· Cuppleditch, David (1981) *Phil May, The Artist & His Wit*, Fortune Press, Charles Skilton Publishing Group, London.
· Thorpe, James (1948) *English Masters of Black and White, Phil May*, Art and Technics, London.
· Thorpe, James (1932) *Phil May: Master-Draughtsman & Humorist*, George G. Harrap and Company Limited, London.

《盛装的周日》

约翰·米莱斯肖像

8

当梦想遭遇面包
约翰·米莱斯

JOHN MILLAIS

  绿油油的浮萍,河岸繁花满树,一位美丽的女子漂浮在河面上,眼睛睁着,双唇微张,像是正在回忆爱人的亲吻……这就是拉斐尔前派创始人约翰·米莱斯的作品《奥菲丽娅》。《奥菲丽娅》取材于莎士比亚的《哈姆雷特》,这个美丽的女子是哈姆雷特的爱慕者,因爱而不得,她在神情恍惚中落水而亡。

  约翰是绘画天才,十一岁便成为英国皇家美术学院会员,十九岁获得学院金奖,并在同一年,和罗塞蒂(Dante Gabriel Rossetti)、亨特(William Holman Hunt)创立了拉斐尔前派兄弟会。

  约翰习惯照着模特创作:画人物就照着亲朋好友画,画老鼠就到田野里找。为画羊,约翰的爸爸甚至到肉店买了两个带毛的羊头当模特。约翰热衷画插画的原因之一是来钱快。

  而更令约翰出名的,是他和维多利亚时期最伟大的艺术评论家约翰·罗斯金,以及苏格兰女子艾菲·格雷的三角恋故事。艾菲最终离开了成熟稳重的罗斯金先生,嫁给了约翰,并和他生育了八个孩子。

  为了生存,约翰·米莱斯最终还是向现实妥协,用创作的自由换取了妻子和孩子们的生活保障。但是,人们永远不会忘记他曾经带领一群年轻的艺术家,那么狂热地追求自然主义与真实主义。重要的,是曾经拥有过,正如他最后的感慨:"我有过美好的时光。"

在写画彼得兔的插画师毕翠克丝·波特时，提到毕翠克丝·波特的爸爸是文艺青年，一家人经常会和约翰·米莱斯一起去度假。无论工作多忙，约翰每年都会抽时间去度假，这和童年的经历有关——他的身体很差，所以早早体会到健康的重要，劳逸结合便成了他生活的原则。

　　1829年6月8日，约翰·米莱斯在英国南安普顿出生。很小的时候，他就喜欢观察，并且有着超凡的记忆力，出门散步回来，他几乎能把遇到的每个人都画出来，并且画得很像。举家搬到伦敦后，约翰的父母意识到孩子的天赋，像天下所有的父母一样，他们希望孩子能够发挥特长。他们把约翰带到英国皇家美术学院院长马丁·阿彻·希（Martin Archer Shee）爵士面前，希望对方能给孩子一些指点。看到这个小不点儿，院长还以为他是来送报纸的，但是在看过约翰的作品后，院长惊其为天才。院长安排约翰先接受一些基本的绘画培训，建议他去大英博物馆写生，过几年再来艺术学院上学。约翰十一岁时便成为英国皇家美术学院的学生，并一直在这里学习了六年。直到今天，约翰·米莱斯依然

对页 《奥菲丽娅》

是该学院招收的年龄最小的学生。约翰的家境并不富裕，幸运的是他认识了一位退休的律师。这位律师很喜欢艺术，赏识他的才华，知道他家里穷，便提出每年支付给他100英镑，要他课余时间去自己家画画，画什么都行。约翰为这位律师工作了两年。

1846年，十七岁的约翰第一次参加皇家美术学院的展览。他的参展作品是《皮萨罗抓住秘鲁印加人》，这幅画被认为是当年最重要的关于历史的油画作品。1847年，约翰向威斯敏斯特大赛递交了作品《寡妇的一文钱》，画中一名寡妇正向耶稣的箱子投硬币，这幅作品充满了强烈的宗教气息，但是画中的耶稣缺少神圣的尊严。这幅画曾在伦敦牛津街的万神殿剧院展示，后来被出售。因为作品巨大，不得不被切割成几部分售卖，如今，该画作的一部分在泰恩茅斯，其余部分在美国。同一年，约翰为瓦耶特先生画的《西蒙和伊菲革涅亚》也令对方感到满意，瓦耶特先生又聘请他为自己和孩子们画肖像。

1848年秋天，约翰和其他六名艺术系的学生，包括但丁·罗塞蒂和威廉·亨特等人结成了拉斐尔前派，挑战当时的艺术潮流，倡导美术改革运动。他们反对当时懒散而公式化的学院画风，主张回归到15世纪意大利文艺复兴初期——崇尚画大量细节，并运用鲜艳的色彩。拉斐尔前派的创作原则是"忠实于自然"，画在自然界看到的东西。他们认为必须以自然为主导进行创作，从自然获得灵感，痛斥人与自然的疏离，并希望通过艺术将人性、自然和理想中的美体现出来。

拉斐尔前派的年轻艺术家们经常聚在一起交流创作，他们一起吃饭，一起熬夜画画，亲密无间。约翰不喜欢画作品中女孩的衣服，建议亨特帮他画，他也乐意帮对方画人物像。以至于后来，人们总是忍不住对比两人作品中的相似处。约翰·米莱斯的作品也被认为深受罗塞蒂的影响,不过,约翰·米莱斯却反驳,拉斐尔前派成员对光线和真实的追求是整个画派的风格,并非某一个人的功劳。

在拉斐尔前派风起云涌的日子里,约翰才思泉涌。他在此期间创作的第一幅重要的作品是用"P. R. B"署名的《罗伦素和伊莎贝拉》,这幅作品根据济慈的诗歌《伊莎贝拉》创作,描述的是一位富商的妹妹伊莎贝拉和富商的雇员罗伦素之间凄美的爱情故事。当伊莎贝拉的哥哥发现两人的爱情后,谋划杀害罗伦素,好把妹妹嫁给有钱的贵族。画中,在餐桌前,罗伦素递给伊莎贝拉一个切开的橘子,这只切开的橘子象征他的头将很快被砍掉。此时,伊莎贝拉的哥哥正在狠狠踢一只受到惊吓的狗。这幅作品中

《罗伦素和伊莎贝拉》

的所有人物都是约翰照着自己的亲朋好友画的,他所使用的模特包括他的弟媳、他的父亲和他的学生。当时,人们对这幅作品的评价是"精致而美丽",也有人认为画中呈现出过多的摆设。大多数艺术评论家并不喜欢这幅作品,只有寥寥无几的人认为这幅作品是非主流艺术风格的尝试。评论家的沉默只是让约翰·米莱斯更坚定了继续追求自己风格的信念。

为完成作品《耶稣在父母家中》,约翰费尽心思。因为耶稣的父亲是木匠,约翰找到一家木匠店铺,照着画店铺内的装饰。耶稣的父亲约瑟夫的身体是照着木匠本人画的,约翰认为只有这样才能把木匠的体格画准确,约瑟夫的头是照着约翰父亲的头画的。最令约翰为难的是如何画羊,因为他家附近没有养羊的,后来,还是他的父亲急中生智,从附近的肉铺买了两个刚宰下不久的羊头,让约翰照着画。画中,在父亲的木匠店里,少年耶稣的手受伤流血,母亲正在照顾他。但是这幅《耶稣在父母家中》也遭受谩骂,

《耶稣在父母家中》

人们指责约翰·米莱斯把神圣的一家人画成在杂乱的木匠铺劳作的苦力。《黑木》杂志称:"再也没有哪幅作品比约翰·米莱斯《耶稣在父母家中》更丑陋,更不优雅,更令人感到不舒服。"查尔斯·狄更斯也嘲笑这幅画,在《家常话》杂志中发文表示,这幅作品"吝啬,可恶,令人作呕"。《泰晤士报》评价:"约翰·米莱斯的画作令人呕吐,将一个神圣的家庭和木匠铺中的低劣细节联系在一起。"

约翰·米莱斯的另一幅作品《绿精灵诱惑菲迪南德》也是拉斐

《绿精灵诱惑菲迪南德》

尔前派的重要代表作,这幅作品根据莎士比亚《暴风雨》中的情节所画。约翰将飞舞在空中的精灵画成绿色的像蝙蝠一样的动物。一个名为威廉·维斯德的人出价100英镑订购了这幅画,但当他看到作品后,非常不喜欢精灵的形象,当即毁约。计划中的收入打了水漂,约翰陷入贫困潦倒的境地,不得不到戏剧院门口为演员画素描像获得一些收入。当然,也有欣赏他的人。有一天,约翰·米莱斯的好友带一个陌生人来看他画的《绿精灵诱惑菲迪南德》,陌生人没说多少话,看了几眼就离开了。约翰有点失望,但当他把画搬回原处时,他看到画下压着一张150英镑的支票!

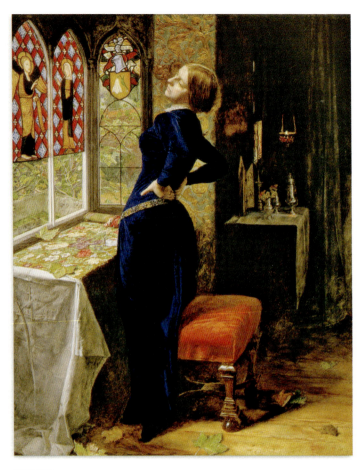

《玛利安娜》

  1851 年,约翰·米莱斯完成了油画《玛利安娜》,这幅作品根据莎士比亚的舞台剧《一报还一报》创作。因嫁妆在海难中丢失,玛利安娜被未婚夫拒绝,过着孤独的生活,但她依然爱着未婚夫。画中,玛利安娜正站起身来,身体后倾,舒展着清秀苗条的腰肢,这一动作更增加了孤寂岁月的郁闷感。她身上深蓝色的衣服和橘红色的座位形成强烈的对比,她的前方是彩绘玻璃,

《奥菲丽娅》

可以看到玻璃后的花园。画中的窗户是约翰照着牛津大学墨顿学院教堂的窗户画的，窗外的景色是照着科姆花园画的。在画这幅作品时最大的挑战是找老鼠的模特。找了很久都找不到老鼠，约翰很沮丧，当他正向爸爸抱怨时，一只小老鼠突然蹿了出来，逃到箱子后。约翰以迅雷不及掩耳的速度踢了一下箱子，小老鼠伤得不轻。约翰马上照着老鼠作画。

　　我最喜欢的约翰·米莱斯作品是《奥菲丽娅》。画中，河边布满繁花，水中生长着丝绸一样的水草，已经死去的奥菲丽娅浮在水面上，顺流而下。奥菲丽娅是莎士比亚舞台剧《哈姆雷特》中的人物，这个美丽的女子是哈姆雷特的爱慕者，因得不到哈姆雷特的爱情，在神情恍惚中落水而亡。西德尔小姐是《奥菲丽娅》的模特，为接近服装在水中漂浮的真实效果，约翰安排西德尔小姐躺在一个灌满水的大浴缸里，浴缸中有亮着的灯管，用来加热以保持水温。绘画过程中，浴缸里的加热灯管忽然熄灭，约翰画画太专注，没有注意到这一点，可怜的模特差点冻僵。得知这一意外后，西德尔小姐的父亲勃然大怒，要求约翰为这一疏忽行为赔偿，约翰同意支付西德尔小姐看病的费用。画中的河是照着泰晤士河支流艾维河画的——那是1851年的夏天，垂柳在河面轻拂，河岸野花遍野，约翰和亨特租下附近的小木屋，一起绘画。不久，约翰和拉斐尔前派的其他兄弟们会合，转战到伍斯特公园农场继续画画。在这个时期，约翰·米莱斯完成了《一名新教徒》，威廉·亨特创作了《世界之光》和《受雇的牧羊人》。单身汉们聚在一起喝浓茶，讨论艺术，但是一到早上10点，大家都各自忙着绘画，很少见面，直到傍晚再聚在一起侃大山。

在创作《一名新教徒》时，亨特和约翰进行了激烈的争论。这幅画的主角原本只是一对偎依在一起，轻声低语的恋人。亨特认为，仅仅是一对恋人简单的会面，而没有任何有感染力的故事、历史背景，作品没有任何意义。他将自己的想法随便画了几笔，给约翰看，并解释道："看到这幅画，你就会明白为何我对你的那幅恋人或分手、或相见的画不感兴趣了。你可以让这个故事发生在玫瑰战争时期，这个女孩是属于红玫瑰阵营的，她住在城堡里，她的恋人来自敌人的阵营。有一天，男人爬上墙，说服恋人和他一起离开。女孩在选择爱还是责任中挣扎。这样主题就有意思多了。要我的话，就以夜晚的天空为背景。"约翰有点不开心地说："背景我已经画好了，把这两个人物放进去就可以了，好吧，就让其中的一位恋人属于红玫瑰阵营，另一位恋人属于白玫瑰阵营；或者一位是查尔斯王的支持者，一位是新教徒。"《一名新教徒》颇受欢迎，被认为是用新的方式表达了男人的情感。也有艺术评论家吹毛求疵，认为画中男子的胳膊不可能会长这么长。这幅作品的委托人原本出价150英镑，最后支付给约翰250英镑。

《一名新教徒》

英国《笨拙》杂志的艺术评论员汤姆·泰勒（Tom Taylor）评价：《奥菲丽娅》和《一名新教徒》是约翰·米莱斯的代表作，展现了他理想中的女性形象，温柔，可爱，这也是少有的对女性美好形象的塑造。

也正是这一年（1851年），约翰·罗斯金竭力为拉斐尔前派辩护，秉持"完整的作品既包括整体性，又要有自然的效果，以及源源不断的细节"的观点，对拉斐尔前派大加赞赏，认为他们"不选择，不拒绝，不蔑视"。约翰·罗斯金因《现代画家》一书成名，他在书中高度赞扬了威廉·透纳的作品。在读过他的书后，《简·爱》的作者夏洛蒂·勃朗特评价："之前我一直被蒙着眼睛走路，这本书给了我眼睛。"

在给好友康比夫妇的信中，约翰描述了和罗斯金的交往。在一封1851年7月2日的信中，约翰写道："亲爱的康比夫人，我刚和约翰·罗斯金先生共进了早餐，他和我已经成为好朋友，他邀请我夏天跟他一起去瑞士，尽管我们彼此的艺术观点还有些不同，主要的分歧是对于透纳作品的评价。他觉得我应该向透纳学习，但是我觉得，他早晚会对透纳的作品失去兴趣。"

约翰绘制的艾菲·格雷

争论并不妨碍两人成为知己。不久，罗斯金将自己的妻子艾菲·格雷介绍给约翰认识。随后，约翰邀请艾菲·格雷担任油画《释放令》的模特。此时，罗斯金的婚姻已经出现危机：他和艾菲·格雷结婚多年，但是从未有过性关系。在写给母亲的信中，艾菲·格雷写道："约翰认为我不适合做母亲。"

1853年的秋天，罗斯金夫妇邀请约翰和他们一起去苏格兰度假。罗斯金在爱丁堡做讲座时极力赞扬拉斐尔前派，指出"约翰·米莱斯和拉斐尔创作《圣礼之争》时同龄"。这段时间，约翰和艾菲·格雷彼此情愫暗生。除了为罗斯金画肖像，约翰也给格雷画了很多幅肖像：他画她坐在瀑布前安静地做针线活，她的头上插着野花。约翰也指导格雷画画，陪她散步。晚饭后，格雷读但丁的诗歌给约翰听，还给他剪头发。约翰觉察到这个温婉美丽的女子的不幸，更加怜爱她。

在给康比夫人的信中，约翰写道："我在这里度过了美好的时光……天气允许的话，我们在岩石上聚餐，罗斯金夫人忙自己的工作，罗斯金和我都在画画。唯一的遗憾是这里有太多蠓，它们咬人咬得非常狠，让人不能忍受，几乎不能继续坐在那里画画。"

也正是从这一年前后，约翰开始大规模地画插画，他的插画作品形象而生动。约翰把在苏格兰的见闻都画进了他的画册：时而描绘不同的室内聚会；时而展示他的室外活动，比如钓三文鱼，到山里探险；时而画周围的人，比如画罗斯金在画画。随着事业有条不紊的进步，约翰的心情也舒展起来，他开始用滑稽的漫画展现人间百态。有一天晚上，知识渊博的罗斯金又开始在约翰面前发挥特长，给他讲苏格兰英雄罗伯特·布鲁斯在监狱里的经历。讲着讲着，约翰突然要求等一下，他说被罗伯特·布鲁斯的故事打动，要把这重要的时刻画下来，给以后的创作提供灵感。这幅画的

《钓鱼》（左上）
《被关进监狱的人的妻子》（左中）
《伯爵夫人客串理发师》（下）
《下雨天如此消磨时间》（右上）
《见鬼了》（右中）

《罗伯特·布鲁斯和蜘蛛》（左上）
《过边境》（左下）

《英国人包围了邓巴城堡》（右上）
《詹姆斯·道格拉斯在圣地的历险记》（右下）

名字叫《罗伯特·布鲁斯和蜘蛛》，看到这幅画后，就会明白为何这幅画并没有被挂在皇家美术学院的墙上了。约翰完成的类似插画还包括《英国人包围了邓巴城堡》《詹姆斯·道格拉斯在圣地的历险记》《过边境》等。后来，约翰把他的这些插画拿给英国插画师约翰·李奇看，李奇在创作《漫画英格兰史》和《漫画罗马史》时学习了他的风格。

约翰·米莱斯的大部分插画刊登在《伦敦新闻画报》和《笨拙》杂志中。

在给康比夫妇的信中,他写道:"这期《伦敦新闻画报》中,有一幅画是皇家马车路过《笨拙》杂志社,有一个长得像我的人坐在前排被一群女子簇拥。"他画的插画内容包罗万象,包括人物、花草和动物等等。约翰认为,一位真正的艺术家应该有能力画任何东西。

1853年,约翰·米莱斯入选皇家美术学院院士。然而,有些艺术家对他的偏见很深,认为他照着模特画的方式是在造假,甚至称他是造假艺术家。此时,拉斐尔前派各位成员在艺术创作理念上的分歧也越来越大,比如但丁·罗塞蒂内心深处从来不归属于拉斐尔前派,后来,他终于听从自己的内心,彻底抛弃从自然中获得灵感的原则,依据想象进行创作。拉斐尔前派的忠实成员瓦特·德维瑞生了病,威廉·亨特要去东方发展,这个曾经充满激情和理想主义的小集体在不知不觉中瓦解。亨特表示拉斐尔前派"简直是个笑柄",是"自生自灭"。也许,导致散伙的最根本原因是他们的作品在当时没有市场,画卖不出去。拉斐尔前派的艺术家个个穷困潦倒,为生计发愁,现实的生活压力逼迫大家不得不自谋生路。

狄更斯和约翰交往不多,曾批评过他的油画作品,但是和他相识后,狄更斯对他的为人越来越认可。他们共同的朋友是约翰·李奇。李奇为狄更斯的很多部作品画了插图,和约翰是好朋友,经常一起去打猎、钓鱼。不幸的是,46岁的李奇因病去世,并留下幼小的孩子。约翰帮李奇组织画展,和朋友一起想办法,为这个孩子申请政府补助——当时这样的补助针对的是作家家属。经过很多努力,他们终于为这个孩子申请到每年50英镑的政府救济金。得知这个好消息,狄更斯马上写信感谢约翰:"如果我去过问约翰·李奇的救济金的话,很可能无济于事……你是约翰·李奇真正的、慷慨的朋友。"

约翰·米莱斯有时画油画，有时画插画，他给英国小说家安东尼·特罗洛普的多部小说，包括《弗雷姆利教区》《阿灵顿小屋》《雷切尔·雷》和《菲尼亚斯·芬恩》等作品，配了87幅插图。优秀的插图作品通常包括两类：一类是漂亮的图片，一类是插画师按照作者思路画出的插画。约翰既非自负的前者，也非懒惰的后者。他画的每幅画都是为了渲染作者的观点。特罗洛普称赞他："再也不会有人能够像他这样，兢兢业业地完成这些作品。"特罗洛普曾写信给约翰·米莱斯："亲爱的米莱斯，一万个感谢给你，两万个感谢给你的夫人，我们先谈正事，再谈怎么玩……"两人的友谊一直持续到特罗洛普去世。

1855年，艾菲·格雷和约翰·罗斯金的婚姻被判无效，之后不久，约翰·米莱斯和艾菲·格雷结婚。婚后第二年他们就有了一个儿子，两人共生育了八个孩子。在他们41年的婚姻生活里，艾菲·格雷对约翰的照顾无微不至，她还是约翰创作的助手。当约翰要画一幅和历史有关的油画时，艾菲·格雷会饶有兴趣地了解当时的历史人物信息，收集当时的图片资料，给丈夫做参考。艾菲·格雷精湛的钢琴弹奏也给家人和客人带来很多美好的时光。

为了挣更多的钱养家，约翰决定画更多的插画，他为丁尼生的诗歌集画插图，同时为《伦敦新闻画报》和《笨拙》杂志画插画。约翰很清楚，画插画只能算是画油画的调剂，同油画创作相比，铅笔创作的空间太小。这些插画通常是在晚上完成，约翰把白天的时间留给热爱的油画。在当时，插画作品并不流行，但是可以很快获得收入。在一封写给朋友的信中，约翰说："如果我答应为他们画插画，他们会支付500英镑的酬金给我；但是要好好考虑一下，因为，我不能让画插画影响了我的油画创作。当然，听说我的插画升值这么快，也是一件令人感到愉快的事情。"

水彩画《农夫查尔的厨房》

水彩画《一位妻子》

《弗雷姆利教区》插图

《乱世儿女》习作

约翰完成了油画《和平生活》，画的是一名受伤的军官靠在妻子的怀抱里，孩子围绕在他们的四周，一只爱尔兰猎狼犬卧在沙发上。画中女子的模特，正是妻子艾菲·格雷。约翰评价这幅画："提香也会自惭形秽……这幅画以及《秋天的叶子》会成为本世纪最优秀的作品。"他也开始使用新的签名，签名的形状有点像女王的皇冠。令人不禁感慨：这位温暖内敛又幽默的英国绅士也有内心狂妄的时候。

约翰·米莱斯的作品继续引起争议，恶评如潮，他并不介意："来自报纸的点评大都在批评我，但是周刊和月刊杂志对我的评价就比较客观。即使大家都批评我，我还是会保持自己的立场。主要是时间的问题，或许我们这一代看不到，但是最终正确和真相一定会胜利。"

当所有的人都在指责约翰·米莱斯时，只有罗斯金继续维护他作品的价值。罗斯金似乎一点儿也不介意约翰的"夺妻之恨",甚至称赞《秋天的叶子》是他见过的最诗意的作品。但是没过几年,不知道是约翰的创作真的偏离了拉斐尔前派的轨道,还是"君子报仇,十年不晚",罗斯金突然改变了对约翰的态度。他认为《伊瑟布拉阁下》是能够代表拉斐尔前派特色的最后一幅作品,但是这幅作品也不值得被称赞。这是对约翰·米莱斯致命的一击,他的事业、他的收入都面临着灾难。约翰在给妻子的信中写道:"在通往成功的路上,我的情绪无比地低落,我现在的工作令我感到可怕。看起来,再没有人理解真正的艺术,哪怕是最优秀的裁判,他的评论令我感到惊讶。"有一种观点认为,婚后,约翰·米莱斯选择了更广的创作风格,但新的风格被罗斯金视为"灾难",而约翰·米莱斯之所以改变绘画风格,是为了画更多的画以支撑他日益增长的家庭开销。

在英国《艺术杂志》主编的说服下,约翰撰写了文章《对今天艺术的几点感受》发表在这份杂志上,坦陈他的心声。这篇文章主要是他对艺术创作个性和多样性的呼吁。他在这篇文章中写道:"我们之间有很多年轻人,尽管是英国人,但他们借鉴支离破碎的法式绘画风格,在他们模仿法国大师的过程中,他们失去了自己的身份,但他们还扬扬自得。对于年轻人而言,模仿是可以原谅的,但只是对年轻人而言。迟早,他们的能力要引导他们坚持自己的个性,如果他们有的话。不仅仅是个性,也要培养各种各样的画技。我相信,无论他的某种绘画方式多么令人崇拜,或者,他画某种题材多么完美,艺术家不应该将自己局限于一种方式或一种风格。"

约翰的晚期作品和他年轻时候的追求背道而驰。他在画中体现的是他对早期绘画大师,比如英国学院派肖像画师乔舒亚·雷诺兹和西班牙宫廷画师迭戈·委拉兹开斯的敬意。他的晚期作品主要关于历史主题,比如《爱

索菲亚·格雷,艾菲·格雷的妹妹

爱丽丝·格雷,艾菲·格雷的妹妹

约翰·米莱斯的朋友,插画师约翰·李奇

德华和理查德王子在塔上》《西北方通道》和《罗利的少年时代》等。1896 年，约翰完成了人生中的最后一幅油画作品《最后的跋涉》。这幅作品是约翰从他童书插图创作中获得的启发：一名死去的白肤色猎人躺在非洲草原上，他的身边坐着两位凝思的非洲土著人。

1896 年，约翰·米莱斯当选为皇家美术学院院长，此时，他已经患有喉癌。他对皇家美术学院的同事说："我已经准备好了，我不害怕……我有过美好的时光。"同一年的 8 月 13 日，约翰·米莱斯与世长辞。在他的葬礼上，很少有人提及他曾是那个血气方刚、挑战传统画风的拉斐尔前派的创立者，更多的人流露出对他的赞美，赞美他的善良、绅士、诚挚和成功。只有他生前最喜欢的杂志《笨拙》似乎更能懂得他的内心，带着一些嘲讽地评价他"不是梦想的奴隶"。

References

· Spielmann, Marion Harry (2007) *Millais: a Sketch*, Pallas Athene, London.
· James, William (1947) *The Story of John Ruskin, Effie Gray and John Everett Millais Told for the First Time in Their Unpublished Letter*, John Murray Publishers Ltd., London.
· Coop, Suzanne Fagence (2011) *Effie: The Passionate Lives of Effie Gray, John Ruskin and John Everett Millais*, Gerald Duckworth & Co Ltd., London.
· Millais, John Guille (1899) *The Life and Letters of Sir John Everett Millais*, Methuen&Co., London.
· Rosenfeld, Jason & Smith, Alison (2007) *Millais*, Tate Publishing, London.

《樵夫的女儿》

亚瑟·拉克姆肖像

畅游梦幻仙境

亚瑟·拉克姆

Arthur Rackham

河鼠坐进船里,等待着鼹鼠上船,它们即将开始一段美妙的旅程,河鼠的话音在空气中回荡:"坐在船上,或者跟着船到处游逛。待在船里,或者待在船外,这都无所谓。好像什么都无所谓,这就是它叫人着迷的地方。"这是英国童书《柳林风声》中最后一幅插图的场景,也是亚瑟·拉克姆生前的最后一幅作品。

亚瑟笔下的《爱丽丝梦游仙境》神秘而诡异,让这个原本温暖的童话散发出一股枯藤老树昏鸦的哥特气,蒂姆·波顿执导的电影《爱丽丝梦游仙境》就借鉴了他阴暗而魔幻的画风;他把《安徒生童话故事》画得奇异瑰丽,带着阴郁,令人着迷;墨西哥籍导演吉尔莫·德尔·托罗对他的画情有独钟,在电影《地狱男爵》中,特意将那棵长在废弃教堂里的树命名为拉克姆之树。他画的那幅跳舞的仙子的插画还让法国作曲家克劳德·德彪西激动不已,谱出了同名钢琴曲。他还时常和大家捉迷藏,把自己画进作品里——是《肯辛顿花园的彼得·潘》中的大鼻子妖怪,也是《鹅妈妈的故事》中的精灵。

画仙子,画妖魔鬼怪,画不食人间烟火的精灵……亚瑟的真实人生却没有那么神幻浪漫,他的一生都规规矩矩,波澜不惊,低调而安静。他选择沉浸于幻想童话的世界,选择做永远也长不大的彼得·潘,选择借助画笔在天马行空的想象中开始一次次华丽的冒险。

奥斯卡·王尔德说："凡是美好的事物，往往背后都有某种悲剧成分。"年轻时，亚瑟·拉克姆曾尝试画水彩画，画人物肖像画，但他对自己的作品非常不满意，他最终选择了为文学作品画插图，为的是从艺术上和经济上都能有收获。亚瑟·拉克姆的选择也许出于无奈，但这不影响他成为19世纪末20世纪初英国插画黄金年代最优秀的插画家之一。

亚瑟·拉克姆的作品多以暗褐色、灰色、少许红色为主色调，画面给人一种从枯树丛中吹来微风的美感，他的代表作包括《爱丽丝梦游仙境》《莎士比亚的故事》《伊索寓言》《仲夏夜之梦》《圣诞颂歌》和《柳林风声》等。并且，在他所描画的世界里，人、兽、树、精灵往往没有明显的边界，现实生活与奇幻世界融为一体，唯美与狰狞相辅相成。在为女儿婚礼绘制的插画中，他把自己画成了一个树精，树枝一侧是温馨的鸟窝，另一侧是一对欢快的小鸟儿。

亚瑟·拉克姆出生于1867年9月19日，一户典型的维多利亚中产阶级家庭。他从小就喜欢画画，尽管多是不着边际的乱画。

对页 《仲夏夜之梦》

《在丘比特花园里舞蹈》

有一次,他给奶奶画像,让奶奶坐了许久,他一本正经地绘画后的成果是把奶奶画成了很卡通的人物,并且,画中的奶奶有着奇怪的长鼻子和尖尖的大耳朵。亚瑟在十六岁时病了很久,家人安排他去四季如春的澳大利亚生活一段时间,希望那里温暖的气候能够帮助他恢复健康,而正是这一趟远行影响了他的一生。1884年1月26日,亚瑟从英国乘船出发,经过地中海和苏伊士海峡,3月15日到达悉尼,他在悉尼待了三个月,7月返回伦敦。归来后,他的病症完全消失,他又像是童年时那个活蹦乱跳的小家伙了。在往返途中,他兴致勃勃地画了很多水彩画,包括船夫、海景等,他自得其乐,并决定一直画下去。

梦想撩人,却无法赢得面包。亚瑟的家境并不富裕,他行事慎重而踏实的个性不允许他冒险全心投入艺术创作,而他的完美主义倾向,又影响他坚持梦想。他决定边工作边画画,白天在威斯敏斯特火灾保险公司任职,晚间画画。白天和夜间的他判若两人:白天,他是谦虚谨慎的办公室职员,晚上,他才思泉涌,激情和灵感都幻化成了色彩。1884年10月4日,他的第一幅作品发表在杂志《碎片》上,画的主题是"一位妈妈用一种令人诧异的方式阻止孩子们吃太多";1884年11月15日,他在《碎片》上发表了自己的第二幅作品,一个小男孩和一只猫。从表面上看,亚瑟·拉克姆和普通职员没什么两样,甚至很少有人知道他在画画,这样的生活持续了七八年。忙碌的双重工作便是亚瑟为理想付出的代价,他几乎没有时间和朋友聚会,更没有多少时间休闲。

他是怎样看待这段经历的呢?有趣的是,1909年,一个同样不得不在面包和梦想之间挣扎的人给亚瑟写信抱怨自己的处境,当时亚瑟已经是名人,尽管工作很忙,但他还是认真给这位陌生人回信。这封信也正是亚瑟·拉

为英国诗人亨利·道布森的诗歌创作的插图
《森林里的老妇人》

《印戈耳支比家传故事集》

《温蒂妮》

克姆对自己的这段经历的总结:"你说你的处境和我曾经的处境差不多,我十七岁时开始在社会上挣钱谋生,在之后的七年时间里,除了从早上9点到晚上5点的工作时间外,我都在努力学习画画,直到我差不多25岁时才开始以绘画为职业。这个职业收入微薄,最初我不得不做一些很没有意思的事情,但我从来没有因此而感到失望。你也要学会坦然处之,在你现在这个年纪,几乎不可能预测你的才华到底有几分。你充满热情,这是好的开始,但只有你年纪大一些时,你的艺术技巧才能充分发挥出来,你才能知道自己真正的能量。若想靠艺术赚钱,几乎不可能,只有少数几个人可以做到,大部分人都是失败的。我对你的建议是:继续从事你现在的工作,同时去一所艺术学校学习,尽量去你附近最好的艺术学校接受艺术教育,参与学校的竞争,现在先不必浪费时间想着赚钱。"

亚瑟的劝诫语重心长,追梦的本身是一场赌博,每个人胜出的概率并不一样,这由个人的天赋、努力和机遇共同决定。实际上,若没有面包的支持,谈何追求梦想?很多艺术家,比如凡·高、舒伯特等人生前穷困潦倒,倘使他们的艺术都不能变现,对于其他艺术家而言,用梦想换面包将是更大的挑战。而最妥帖的做法是像亚瑟那样,在没有把握梦想会变成面包前,两者都不要放弃。

从1891年开始,亚瑟在《蓓尔美尔街预算》杂志发表了大量作品,他画伦敦街头的生活、店铺、街道、火车站、剧院、教堂和动物等,当时他最擅长画现实生活中的人和物。1892年,亚瑟"羽翼丰满",有足够的信心靠绘画养活自己,于是,他辞掉保险公司的工作,加入新创刊的《威斯敏斯特预算》杂志,任记者和插画员。他当时的工作类似现在的摄影记者,主要是用插画展现新闻现场的人物和事件,也就是照相机的功能。为适应工作，亚瑟接受了专门的新闻训练，学习迅速地观察细节，记住细节等，这些经历帮助他练就了几乎可以过目不忘的本领。之后，他被派到不同地点即兴绘画，比如案发地点、法庭、失火现场等。他经常刚画完银行如何被盗（比如，一名警察站在银行外，戴着高帽的窃贼和银行的工作人员打招呼，让对方走神儿），马上又出现在皇宫里画爱德华王子。对亚瑟而言，这些不同主题、差异很大的绘画任务是挑战，也是训练，但是这些高强度、接踵而来的绘画任务也令他感到有点吃不消。和杂志相比，图书的出版周期相对较长，压力要小很多，于是，从1893年开始，亚瑟开始为各类图书画插画。他画的第一本插画书是旅行书《到另一边》，书中的插画包括盐湖城和旧金山的风景等，他创作的源泉是摄影师在当地拍摄的照片。

  亚瑟也尝试画过别的东西，比如自画像和人物肖像等，但对自己的作品很不满意，而他逐渐喜欢上了为文学作品画插图，并且，这既是他喜欢的工作，也是能够赚钱的工作。此后，插图画家成了他一生的职业。在当时，插画家被认为是非主流的艺术家，并不怎么受到重视，假使亚瑟·拉克姆转型成功，成为油画家或是水彩画家，英国历史上可能就会少一位成功的插画家——那么多魔幻绮丽、充满想象力的插画也就不复存在了。

  1900年，《格林兄弟童话故事集》的出版给亚瑟的事业带来转机，这本封面是彩图，包括99幅黑白插画的童书令他名声大震。他画的人物灵气十足，充满维多利亚时代的唯美梦幻风格。《威斯敏斯特公报》评价："孩子们一下就看懂了。"亚瑟写信给好朋友弗兰克·雷德威（Frank Redway），告诉他自己非常喜欢画这组格林兄弟的插画，并表示，这些插画完全忠实于原著，他的发挥和想象力也完全以文字为基础。不久，亚瑟又为《格列佛游记》画了插图。

《笨拙》杂志年鉴插图《海边的寻常物》

1900年，亚瑟双喜临门，除了事业有成，他在这一年结识了艺术家伊迪丝·斯塔基（Edyth Starkie）小姐。伊迪丝比亚瑟小两岁，在爱尔兰南部长大，有一双仿佛会说话的大眼睛，令人怜爱。她很有亲和力又有幽默感，随便说几句话，就能让朋友们哈哈大笑。她很热爱艺术，曾对亚瑟表示："我宁愿喜欢坏人，也不能够接受糟糕的艺术。"当两人相识时，伊迪丝已经是一位见过很多世面的女子，曾在巴黎学过艺术，游历过欧洲，而亚瑟仿佛是没出过远门的大男孩。踏实沉稳的亚瑟被开朗阳光的伊迪丝所吸引，三年后，两人结婚。

年轻时的亚瑟并不帅，但是他的长相总能给人留下深刻的印象。伊迪丝的侄子，六岁的沃尔特·斯塔基评价亚瑟："他的脸是枯萎的，布满皱纹，

《灰姑娘》

《睡美人》

《汉赛尔与格莱特》

像是熟透的核桃,当他的目光从眼镜下悄悄看我的时候,我觉得他像是格林童话中的精灵!他总是穿着皱皱巴巴的蓝色西装,穿着拖鞋在他的工作室里晃来晃去,他让我想到侏儒妖。当他拿着画板和画笔的时候,对我而言,他又像是巫师,用魔杖轻轻一点,让我的世界充满了精灵和妖怪。他会带我外出散步,边写生边给我讲故事,讲那些住在树根里的侏儒,他们可以把从错综复杂的根里流出的树液加工成黄油……"当时,亚瑟只有33岁,这样形容他似乎有些夸张,但他的确长相老成,之后的很多年,可能他的头发白了,皱纹多了,但是整体没有多少变化。沃尔特继续回忆姑父:"他像是《爱丽丝梦游仙境》中的柴郡猫,总是突然消失,然后又突然出现，仿佛是从地下弹出来的。他很绅士,受人敬重。但是姑姑和他在一起的时候,他总会做一些让姑姑大吃一惊的事情。"亚瑟喜欢一成不变的衣着,最常穿的衣服是一套深蓝色西服,里面穿一件有着僵硬领子的白衬衫,即使他让裁缝给他做一套新衣服,结果拿回来后发现,新做的衣服和旧衣服的颜色、款式一模一样。这似乎是典型的处女座男人的特征:喜欢井然有序,喜欢一成不变。

除了画画,亚瑟还有另外一个鲜为人知的爱好,喜欢舞台表演。他曾在《丹迪·迪克》中饰演管家,还为舞台剧《吉尔伯特和沙利文》设计了剧照。

《肯辛顿花园的彼得·潘》

亚瑟不满足于仅仅把自己"藏"进插画作品里，还在舞台上客串别人的人生，这些小情趣给他按部就班的生活增添了一些生气。

1905 年 3 月，英国作家詹姆斯·巴利（J. M. Barrie）邀请亚瑟为他的小说《肯辛顿花园的彼得·潘》画插图。彼得·潘魅力非凡，他永远不想长大，喜欢自己找乐并四处游玩。他随心所欲、会飞，而且还教其他孩子飞。他带领小伙伴经历各种旅程，一路上和海盗、印第安人、美人鱼、仙女、野兽成为好朋友。亚瑟的魔幻插画令这部原本就很精彩的小说如虎添翼，这本书成为当年热销的圣诞节礼物。亚瑟正是在肯辛顿花园中获得灵感，为这本书创作了 55 幅插画。如今，在肯辛顿花园，离肯辛顿宫不远的地方，矗立着彼得·潘的雕塑，这尊雕塑是詹姆斯·巴利于 1912 年捐赠给花园的。

画完彼得·潘插图后，亚瑟更是声名远扬，他的收入也更加稳定。之后，他为 19 世纪美国小说家华盛顿·欧文的短篇小说《瑞普·凡·温克尔》画的 51 幅彩色插图再次让他名声大震。这篇小说讲述的是贫苦农民瑞普·凡·温克尔的奇特遭遇。小说乡土风味浓郁，充满浪漫主义奇想，有点像是中国的志怪小说，和亚瑟的魔幻插图搭配在一起，相得益彰。

亚瑟又为《爱丽丝梦游仙境》创作了插画。他所画的爱丽丝的原型是英国女孩多瑞丝·多麦特（Doris Dommett）。小女孩后来介绍，画中的棉袜子是她的保姆织的，非常暖和。在一幅《疯狂的茶会》插图中，小女孩坐在亚瑟的大椅子上，他的瓷器、美食也都是他插画作品里的道具。记者问亚瑟，画中的小女孩真的在扔盘子吗？他回答，当然没有，因为盘子早就是碎的了——为了画细节，他早已先把盘子摔碎在地。这些插画招致了一些争议，因为亚瑟的画风和当时同样声名显赫，并在他之前画过爱丽丝的英国插画师约翰·坦尼尔（John Ternniel）的画风截然不同，他仿佛故意

《爱丽丝梦游仙境》

要和对方划清界限。当时的媒体对他插画的评价挑剔而苛刻,《泰晤士报》认为,亚瑟·拉克姆的幽默生硬而分散,缺乏想象力,但一些读者并不以为然,他们认为在亚瑟的画作中,爱丽丝是鲜活的,而约翰·坦尼尔笔下的爱丽丝更像是僵硬的木偶。这样的"论战"有悖于亚瑟的初衷,因为他并不想和约翰·坦尼尔争宠。当出版商希望他继续为路易斯·卡罗尔的另一部作品《爱丽丝镜中奇遇》创作插画时,亚瑟怕再引发更多的口水战,委婉地拒绝了。

1908年,亚瑟画的《仲夏夜之梦》出版,同一年,女儿芭芭拉出生,童话世界里的小精灵终于出现在现实生活里。亚瑟特别宠爱女儿,会为芭芭拉画她要求他画的一切,并为她的玩具娃娃搭造舞台。芭芭拉喜欢听爸爸讲故事,也喜欢做爸爸的模特,她记忆最深的是爸爸曾对她说:"过来,站到那里去,弯腰捡一个苹果","用手拎起裙子的一角,转圈"。除了自

《仲夏夜之梦》

己的女儿,亚瑟也不会怠慢其他小读者,每每收到小读者的来信,他总会认真地回信。1909 年,三个小朋友一起写信给他,希望他给肯尼思·格雷厄姆的童话《柳林风声》画插图,他们说特别想看到鼹鼠和河鼠聚在一起唱颂歌的情景。亚瑟给他们回信,并在信尾画了自画像,他说自己也很喜欢《柳林风声》,以后若有合适的机会一定会画。

《柳林风声》出版于 1908 年,是苏格兰小说家肯尼思·格雷厄姆的作品,作者根据童年乡间的生活经历,塑造了恭顺憨厚的鼹鼠、聪明善良的河鼠、老成持重的獾和骄傲鲁莽的蛤蟆,这部作品讲述它们结伴畅游世界的故事。这本书也是另一位闻名于世的苏格兰作家《哈利·波特》作者 J.K. 罗琳最喜欢的文学作品,在《哈利·波特》中,赫奇帕奇学院的象征獾就是以这本书中的獾先生为原型的。

1912 年和 1913 年,亚瑟为《伊索寓言》和《鹅妈妈的故事》画了插图,他继续把自己画进作品里,比如在《肯辛顿花园的彼得·潘》中,他是那个大鼻子妖怪;在《鹅妈妈的故事》中,他是精灵;在《伊索寓言》中,他是那个抓跳蚤的男人,也是那个高傲的指责溺水男孩的人,更是那个粗暴地给黑色小男孩洗澡的奴隶主。亚瑟不计较把自己画得丑陋或凶神恶煞,但在现实生活中,他却是如此斯文而绅士。

亚瑟喜欢画画,爱好画画,他一遍遍地告诉女儿,画画比写作更有成就感,因为画画更自然,像是一种本能,是伴随着旋律在跳舞。

只是,也有被迫的舞蹈。在亚瑟 47 岁时,正该是他的事业如日中天的时候,第一次世界大战爆发,图书出版的数量和质量都不得不下降,这意味着亚瑟的收入也迅速减少。生活日益窘迫,他在日记中写道:"工作很难找,报酬也不怎么样,我一直在创作,但是没有任何劲头,对我而言,

《伊索寓言》　　　　　　　　　　　　　　　《鹅妈妈的故事》

这段日子太难熬了，也是我生命中最糟糕的日子。很显然的是，照相机会代替插画师的工作，我的前景并不乐观。"亚瑟又开始在梦想和面包之间挣扎，为了生存，他不得不屈服于面包，为一些爱国主题的图书画插图，比如《阿尔伯特国王的书》《玛丽公主的书》和《女王的礼品书》等，他也为1916年出版的《盟军的童话书》画了插图。雪上加霜的是，在这个时期，他的妻子伊迪丝得了肺炎和心脏病，健康每况愈下。

战争结束后，亚瑟的生活才稍有起色，他在英国南部的乡下买了房子，重新过上相对稳定的生活。他喜欢钓鱼，尽管钓的鱼总是很小，他还会教女儿在河岸边清洗鱼，并把它烤熟。周末，他会举办家庭聚会，邀请邻居或者伦敦的艺术家过来做客。亚瑟·拉克姆的朋友回忆，尽管喜欢聚会，亚瑟却是很安静的人，他不抽烟，喝酒也很有节制，他最喜欢吃的是冷烤牛肉。

虽然没有实现画油画、水彩画等主流画的愿望，亚瑟的绘画成就最终被艺术界认可，他加入了英国艺术工作者行会，并被选举为这个行会的主席。亚瑟自诩为"伦敦佬"，因为他出生于泰晤士河的南岸，他画了一幅名为"泰晤士河南岸的伦敦佬"的自画像，画的背景是伦敦的圣保罗大教堂，而另一幅自画像中，画的背景是泰晤士河和滑铁卢桥。

第一次世界大战结束后，由于资源匮乏，在英国出版高质量的插画书越来越难，更可怕的是，人们更加务实，对充满想象力的艺术作品嗤之以鼻。亚瑟写信给好友霍华德·肯尼迪（Howard Angus Kennedy），诉说自己的艰难处境："最经典的书的销量也比不上战争前销量的一半，每本书的利润也不如战争前，无论是出版商还是插画师，日子都不好过，日子稍微好过的是肖像画师、广告设计师，但都不是我所擅长的领域。"

令亚瑟感到欣慰的是，他的插画书开始在美国拥有大批读者。1919年、1920年和1922年，他的画作在纽约展出，1927年，他终于前往美国。他惊喜地发现，自己在美国广受欢迎，甚至比在英国更有名气。在美国旅行时，亚瑟无时不惦记病中的妻子，他写信给伊迪丝，表述自己的思念之情："收到你的信后，我才有了精神，我最最亲爱的老伊迪丝。"亚瑟·拉克姆当时售出的一些作品依然保存于美国的哥伦比亚大学。

20世纪30年代，亚瑟花了很多心思为《安徒生童话故事》画插图。为画好这些作品，1931年秋天，他和女儿专程前往丹麦考察。在哥本哈根，他拜访了一位认识安徒生的女士，这位女士小时候经常藏在桌下，听安徒

《白雪公主》

生给聚集在一起的大人们讲他新写的故事。他们还拜访了安徒生的墓地。亚瑟解释画这些插图并非是用丹麦人的视角，而是用一个英国艺术家的视角——在绘画时，他一遍遍回忆起童年时读到这些来自异国的童话故事的情景。1932 年，亚瑟画的《安徒生童话故事》被英国《观察家报》评选为年度最优秀的插画书，此时，他已经 65 岁。1935 年，亚瑟在英国莱斯特艺术馆举办个人画展，主要展出《安徒生童话故事》的插图和《垂钓全书》的插图，展出的大量作品被售出，其中两幅插图被英国维多利亚与艾伯特博物馆购买收藏。

亚瑟一直记得二十多年前，三位小朋友希望他给《柳林风声》画插图的嘱托，这个愿望终于在他的晚年实现。在创作之前，他首先拜访了《柳林风声》作者肯尼思·格雷厄姆的遗孀尼思·格雷厄姆夫人，对方向他讲述了丈夫写作时的想法，亚瑟从这些温暖的回忆中获得无数的灵感。从始至终，亚瑟一直都在遵循插画创作忠实于图书作者，忠实于文字的原则。1938年秋，他因病住院，变得越来越消瘦，无法进食，只能偶尔画画。1939年的一个夏日，亚瑟终于完成了《柳林风声》的最后一幅插图：河鼠坐进船里，等待着鼹鼠上船，它们即将开始一段美妙的旅程……这也是他生前最后一幅作品。1939年9月6日，72岁的亚瑟·拉克姆因病去世。

亚瑟·拉克姆神秘而富有诗意，充满动感和阴郁的现实感的画风影响了后世很多作品，无论《魔戒》的奇幻世界，还是《哈利·波特》的魔法世界，都有他画作的影子，并且，他画作中的紧张氛围和黑暗气质惊心动魄，

《柳林风声》插图《很专业地系披肩》

《柳林风声》插图《把箱子放到你的脚下》

令人着迷。

　　在一个充满变数的时代，处处循规蹈矩的亚瑟·拉克姆只能把棱角藏在自己的插画作品里，他能够在那里暂时逃离丑陋的、充满竞争的成人世界，回归童年的纯真与无邪。他时常把自己画进插画里，甘心丑化自己，除了在拿自己调侃逗乐，也许在内心深处，他希望自己能够成为变化莫测、拥有魔法的精灵或是妖怪，可以用魔法停止战争，让敌人成为好朋友，用魔法消除贫穷，把杂草变成西瓜和水蜜桃，用魔法把树液变成黄油，让世界上不再有饥饿。

References

Hamilton, James (2010) *Arthur Rackham: A Life with Illustration*, Pavilion, London.
Larkin, David (1975) *Arthur Rackham*, Pan Books, London.
Menges, Jeff A. (2008) *Rackham's Fairies, Elves and Goblins*, Dover Publications Inc., London.
Simas, Joseph (2015) *Arthur Rackham Masterpieces of Art*, Flame Tree Publishing, London.

《仲夏夜之梦》插图《听美人鱼的音乐》

沃尔特·克莱恩肖像

10 沃尔特·克莱恩

喜欢画花的社会主义者

WALTER CRANE

  冬雪消融，花儿们纷纷醒来，伴随着朗朗上口的歌谣，它们化身为人，依次盛放：罂粟花变成印度士兵的帽子，百合花的花蕾中蹿出老虎和美人鱼，水仙花变成丘比特手中的喇叭，风铃草的绿叶成为仙女的斗篷……沃尔特用他丰富的想象力打造了一场华美的花之宴，铺陈季候流转、花事变迁。沃尔特喜欢画花，除了《花之宴》，他还为《莎士比亚花园里的花》和《花的婚礼》等书作了插画。沃尔特笔下的花清纯而细腻，并和人缠绵在一起，人的世界是花的世界，花的世界也是人的世界。

  沃尔特生活的年代，英国工业化迅速发展，很多人对工业化表示怀疑。在狄更斯的笔下，英国社会变成一台冰冷的机器；哈代则用《远离尘嚣》一书表明对工业化的态度；威廉·莫里斯感叹："忘却六郡天空上弥漫着的黑烟，忘却蒸汽机的喧嚣和活塞的撞击声……我宁愿怀念原野上的驮马，在梦幻中去追忆那小小的伦敦，那白色而清洁的伦敦。"当莫里斯发起一场反对工业化大生产的英国工艺美术运动时，沃尔特毫不犹豫地加入。

  然而，沃尔特所热爱的艺术和政治都令他力不从心，爱尔兰剧作家萧伯纳评价他是"一位善良的、热情的、慈爱的、慷慨的艺术家，他所有的努力都在让英国人知道他是一位拥有革命精神的社会主义者，但却不是很成功，就如同他所有的朋友都希望公众知道他是一位天才设计师"。

不知道有多少艺术家的儿子也成了艺术家，沃尔特·克莱恩亦是如此。沃尔特的爸爸汤姆·克莱恩是一名肖像画家，并曾在利物浦艺术学院担任秘书和财务长。1845年，沃尔特·克莱恩在利物浦出生，是家中的第三个孩子，在他三个月大时，他们全家人搬到英国西南部的海滨小城托基生活，后来在他十二岁时，举家又搬到伦敦。

　　沃尔特不喜欢上学，在学校很容易焦躁不安，坚持要退学，爸爸意识到儿子的绘画天赋，也有意子承父业，就同意他辍学待在自己的身边。他经常带儿子去艺术馆看画，到伦敦附近的乡下或是动物园写生，并鼓励他养小动物，教他画小动物的素描。沃尔特的进步让爸爸感到自豪，他把儿子的作品拿给朋友们看，朋友们都很惊讶，称赞沃尔特是神童。儿时的沃尔特还是个涂色控，最喜欢《伦敦新闻画报》的插画师约翰·吉尔伯特（John Gilbert）的作品，并经常把他的黑白插画涂成彩色。吉尔伯特是声名显赫的英国插画师，他为莎士比亚剧本绘制了八百多幅插图，后被女

対页《树林里的鹿》

王授予爵士。

在沃尔特成长的童年，英国艺术正经历前所未有的转型。拉斐尔前派刚刚诞生，罗塞蒂的那幅《圣母玛利亚的少女时代》明艳照人，是拉斐尔前派最出色的作品之一，令艺术界耳目一新。这幅画描绘的是《圣经·新约》中玛利亚在母亲的陪伴下临摹刺绣百合的情景。约翰·罗斯金是拉斐尔前派的坚定拥护者，沃尔特早早成为他的"粉丝"。在沃尔特十四岁时，爸爸送给他罗斯金的艺术评论集《现代画家》，他马上被书中关于自然的描述，以及作者对威廉·透纳作品的深刻而生动的解析所吸引。沃尔特又把罗斯金的艺术评论集《线条、光线和色彩：罗斯金论绘画元素》找来看。拉斐尔前派创立者约翰·米莱斯的作品也令沃尔特着迷。那是1857年，他在一次展览中看到米莱斯的油画《过往的梦——埃森布拉斯渡过浅滩》，马上被这幅展现年老的骑士和樵夫的两个孩子骑在马背上准备过河的情景打动，并在画前伫立许久。拉斐尔前派的画风深深影响了沃尔特后来的创作风格。

最初，沃尔特在爸爸的画室打杂。他画了几幅画，其中一幅是根据英国诗人丁尼生的诗歌创作的油画《夏洛特女郎》。他的亲戚把这幅画拿给罗斯金看，对方给予很多的赞誉。当著名的木版雕刻师、诗人威廉·詹姆斯·林顿看到这幅作品时，觉得这个年轻人很有艺术天赋，马上邀请他为自己工作。十四岁的沃尔特决定把握这个机会，成为英国最棒的雕版印刷工作坊的学徒工。每天，在伦敦埃塞克斯街33号，沃尔特和六名学徒工一起学习这项神秘的技艺。他们要做的是照着艺术家的作品，把它们雕刻在木板上，这个过程教会他准确和清晰的绘画技艺。

不幸的是，在沃尔特做学徒工时期，父亲突然病逝，好在师傅林顿对他很欣赏，并时常安排他去做一些可以施展才能的工作，像是代替了他的父亲。有一次，林顿安排他参与和自然史有关的绘图项目，派他去动物园画动物。也是在这次工作中，他学会了如何画运动着的对象。他绘画的内容也更丰富多彩，包括商品目录页里的老式床架、医学用的解剖图、《圣经》中的人物，或者为《世界新闻报》绘制法院庭审的现场图。在这期间，他也接触到很多大师比如约翰·坦尼尔、但丁·罗塞蒂和威廉·布莱克（William Blake）等人的作品等。

虽然做学徒工的日子忙碌而辛苦，但是沃尔特很感谢师傅的教导以及这段经历，他在1890年发表的《代表作》中表示："对我而言，担任这样好的艺术家、雕版印刷师的助理是非常有益的经历。"名师出高徒，他在这里很快地成长起来，他也感受到生活的不易以及雕版师傅的辛酸：如同艺术家的奴隶，他们本人的才华和技艺都被埋没了。1862年，十七岁的沃尔特决定自立门户，成为独立画师。

这一年，令十七岁的沃尔特引以为豪的另外一件事是他的油画《夏洛特女郎》在英国皇家艺术馆展出。这给他带来很多机会，比如有人愿意出钱请他画画。1866年，杜德利画室开业，沃尔特的另外一幅油画作品入选展出。他雄心勃勃，希望自己的油画可以被主流艺术圈认可。他不喜欢意大利早期艺术家的艺术作品，这些艺术家包括保罗·乌切洛（Paolo Uccello）和贝纳佐·戈佐利（Benozzo Gozzoli）等。他支持约翰·罗斯金的艺术理论，认为画家应该展现真实和自然。他作品中的细节就是从自然世界中观察而来。他每天练习画动物，画伦敦的建筑，画小孩子们玩耍……同时，他的作品又带着浓重的怀旧色彩，充满诗意，有着沃尔特·斯科特和济慈的浪漫主义色彩，这些作品还受了丁尼生的影响，蕴含着逃避现实

 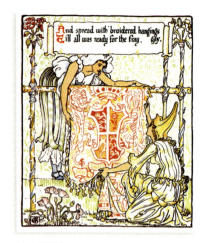

《快乐的一天》　　　　　　　　　　　　《女王的夏天》

的冲动。沃尔特在自传文章《一个艺术家的回忆》中写道："我所憧憬的世界是梦想中的世界,一个与世隔绝、安静的绿色花园。"

到 19 世纪 70 年代,沃尔特勉强算得上是专业油画师,但他的作品有着明显的缺陷,比如展现的画面过于单调,没有冲突,没有力量,没有生命力,也没有震撼。

画油画不能给沃尔特带来很多收入,他就不得不尝试画别的,结果,他的插画很受欢迎。他开始为《一周一次》《佳言》和《笨拙》杂志画插画,也为图书画插图。他和《新森林》的作者怀兹(J. R. Wise)一同去曾给后者的创作带来很多灵感的地方旅行,一路画画。是金子总会发光。《新森林》中的插图引起英国随笔作家、文学批评家乔治·刘易斯(G. H. Lewes)的注意,他发表文章推介沃尔特的作品,这名年轻的插画家很快获得业内人士的认可。

1863年,沃尔特认识了水彩画家和出版商埃德蒙·埃文斯,埃文斯特别重视儿童读物的质量。当时,安徒生的童话刚刚诞生,爱德华·李尔的《胡诌诗集》以及《爱丽丝梦游仙境》相继出版,此时也正是儿童文学的转折时期。之前,童谣和童话一直被印刷在廉价、粗糙的小册子上,因为出版商常常以机器化大生产为理由而忽视童书的设计和装帧。埃文斯对此特别看不惯,认为如果销量足够大的话,即使不提价,童书的质量也完全可以提高。埃文斯邀请沃尔特为他们即将出版的一系列童书做设计,沃尔特很快将简单的童书变成生动有趣的艺术作品。这一系列童书被称作"六便士童书"。不久,出版商乔治·劳特利奇从这套童书中获得启发,也邀请沃尔特为他们出版的童书画插画。从1867年开始,之后的十年,沃尔特为37本童书画了插画,包括《美女和野兽》《贝拉艾托公主》和《黄色的小矮人和青蛙王子》等。

《黄色的小矮人和青蛙王子》

与他的油画作品大相径庭的是，沃尔特的插画作品描绘的多是他想象中的世界，这个世界优美、传奇、精致且充满魔力，充满了美好，更像是叶芝和丁尼生的诗歌，以及寓言故事中道德有序而崇高的世界。艺术界的一些评论家将沃尔特誉为"童谣院士"。

他的这些插画作品轮廓色彩浓重，黑白分明，显然受了日本绘画的影响。沃尔特回忆，他曾有一位当海军的朋友，这位朋友经常随船去日本，家里有一整架子的日本印刷品。有一次，朋友发现他很喜欢这些印刷品，就送给他一些。这些印刷品对他的创作产生了重要的影响，最令他恍然大悟的是：原来，黑色不仅仅可以用来勾勒图像，也可以是颜色的一部分。沃尔特插画作品的另一个特点是充满了装饰性的细节，无论美女还是野兽，或是青蛙王子，都被描画得生动而细腻。他的插画也并非一幅幅独立而单一的图画，而是和书的内容紧紧结合。沃尔特认为，只有插画和文字结合在一起，才能吸引读者沉浸于作品。插图不应该是随处可插的，不是偶然画的，而是要根据书的内容创作。

画完《树林中的睡美人》，沃尔特暂停和劳特利奇出版社的合作，开始全心为莫思渥斯夫人的书画插图。莫思渥斯夫人是英国著名的儿童幻想小说家，她的语言风格极其简洁，书中的语法和语调都像是出自小孩了。在为她的十六本童书画了插图后，沃尔特继续和埃德蒙·埃文斯合作，绘制一本将音乐和插画结合在一起的新形式的童书，即1877年出版的《宝宝们的歌剧》。因为此前市面上从未有这类形式的书，书刚上市时曾遭遇图书商拒售，但是读者们很喜欢这类书。这本书成功后，1878年，沃尔特又画了类似的童书《宝宝们的盛宴》。

《爱丽丝梦游仙境》和《爱丽丝镜中奇遇》的作者路易斯·卡罗尔对

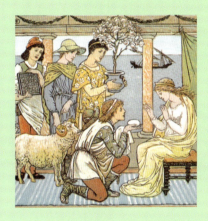

《宝宝们的盛宴》

沃尔特的插画赞叹不已。1878年,他写信给沃尔特,说自己不喜欢约翰·坦尼尔的插画风格,不想再和他合作,希望沃尔特能为他的新作《布鲁诺的复仇》画插图,但沃尔特没有同意,大概是不想和自己的偶像竞争。

沃尔特热衷于儿童教育。1884年,他和圣安德鲁斯大学的教育和语言学教授米克尔约翰(J. M. D. Meiklejohn)合作出版了《黄金入门》,这是一本用插画教孩子们识字的童书。他又和内莉·戴尔(Nellie Dale)小姐合作,出版了教孩子们学习单词的童书。

当时,爱尔兰作家王尔德是沃尔特的好友,在担任《女性世界》主编时,经常向沃尔特约稿。王尔德也为沃尔特新书《花之宴》写了书评。1888年,沃尔特和乔治·胡德(George P. J. Hood)合作为王尔德写的童书《快乐王子》画了插图。

沃尔特通常一次性把自己的插画卖给出版社,而不是获得版税。报酬很低,但他并不介意:"即使这些插画不能带给我很多钱,我也觉得这样的设计很有意思,我是在将自己觉得有意思的各种细节展现出来,如此,它们是我的工具。"也许是他诚挚无私的创作感动了上帝,他获得了更多挣钱的机会,开始有人请他做和设计有关的活儿,比如设计房间内的装饰画、印刷品的图案和彩色玻璃等。沃尔特越来越有名,但他的油画作品始终无人问津。

除了画画,让沃尔特倾其毕生热情的是政治,是改良社会的理想。画画之余,他读雪莱的诗歌,看英国进步思想家约翰·密尔(John Stuart Mill)的著作,认为每个人都应该发挥潜能。他开始思考社会的本质,以及在怎样的社会中人们的潜能才能够全部得以发挥。此时,在罗斯金艺术理论的影响下,英国设计师威廉·莫里斯正发起一场旨在反对工业化大生

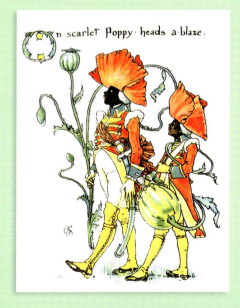

《花之宴》

产的英国工艺美术运动。莫里斯也是一位积极的社会主义者,他在诗作《捷逊的生和死》和《地上乐园》中表达了对当时英国资本主义制度的憎恶,以及追求人类社会美好幸福的远大理想。

1870年,沃尔特与莫里斯相识,两人志同道合,很快成为莫逆之交。他们观点一致,认为艺术应该成为人们日常生活的一部分,艺术是社会发展的动力,应该被所有人享用。他们都对充满商业化的艺术和以赚钱为目的大规模批量生产出来的艺术嗤之以鼻。

在莫里斯的影响下,沃尔特成为一名社会主义者,他感慨:"艺术能够表达个人的情绪,现代经济和商业环境都支持这样的个人主义,只有新的社会理想的实现,才能够促进对艺术的作用的重新认知。"1884年,沃尔特加入社会民主联盟,这个组织也是在英国成立的第一个马克思主义社团。不久,他又加入莫里斯组建的社会主义同盟。他满腔热情地投入各类社会主义运动,绘制鼓励民众信仰社会主义的插画,每周创作一则和社会主义运动有关的卡通漫画并发表在支持社会主义运动的杂志上。他为社会主义同盟设计了会标,其中的铁匠形象正是以好友及同盟莫里斯为模特。

沃尔特对社会改革的热情不仅仅体现在艺术创作上,也体现在散文写作和各种演讲活动上。尽管他根本不擅长写作和演讲,但是热情驱使他去做这些事情。他曾在萧伯纳推崇的费边社聚会上演讲,听众包括王尔德和诗人叶芝等。萧伯纳评价:"沃尔特·克莱恩的诗文不好,也不能给人留下印象;只有他用粉笔在背后的黑板上画图时,他的讲座才能让人勉强听下去。"

1887年,沃尔特绘制了一幅令很多社会主义者难忘的漫画《格兰迪夫人被她自己的影子吓坏了》。社会主义革命积极分子阿尔弗雷德·林内尔

（Alfred Linnell）去世后，莫里斯创作了诗歌《死亡之歌》纪念他，沃尔特为这首悼念诗设计了纪念碑。1890年，沃尔特又加入哈默史密斯社会主义协会。

沃尔特·克莱恩本人是一个令人难以理解的矛盾体。他的政治理想充满革命性，他喜欢社会主义，不喜欢资本主义，为工人抗争，但本人却住在乡下的大房子里，过着奢华的生活。他熟识英国社会名流，无论在国内还是国外，都受人追捧。他喜欢新科技，喜欢电影，但本人又仿佛生活在过去，作品充满怀旧气息，总是能够将人们带回到浪漫平静的维多利亚时期。

英国社会民主联盟的领导人汉因德曼（Henry Mayers Hyndman）评价沃尔特·克莱恩："一位伟大的艺术家和充满魅力的男人，他从一开始就竭尽全力地帮助我们，除了收获同志和朋友们真诚的感谢外，他不求任何报酬。当然，他从1884年加入社会主义阵营，已经是我们的队伍中最重

《百利安东来王子的故事》

《宝宝们的盛宴》

要的一员,我不禁怀疑他的社会主义背景是不是导致他的艺术作品在欧洲很受欢迎,而在英国却不怎么受到重视的原因。"

沃尔特极力重塑艺术家在英国社会中的地位,创建了英国工艺美术协会,并出任主席。在担任英国皇家艺术学院院长期间,他经常撰写文章或发表演说,讨论即将迈入电气时代的英国应该具有怎样的设计和艺术标准。他的艺术理论观点集中体现在 1898 年出版的《设计的基础》和 1896 年出版的《插画历史》中。

晚年,沃尔特一直和法国、德国的革命运动群体保持着密切联络,并且频繁地在欧洲旅行,支持各地的社会主义运动,但是这些活动丝毫不影响他的艺术研究,他于 1911 年发表的艺术评论文章《19 世纪艺术的简短调查》至今影响深远。

1915 年 3 月 14 日,沃尔特·克莱恩在哀伤中去世——几个月前,他的妻子突然被火车撞死,据说是自杀。得知这个消息后,沃尔特悲痛欲绝,不久后,他的儿子又在第一次世界大战中阵亡。理想中的艺术最终没有带给他理想的人生。

《泰晤士报》这样撰写悼文怀念他:"他是将英国的设计从无望和丑陋中拯救出来的艺术家之一,如果我们对他的作品不熟悉,我们更能看出这些作品的价值和原创性,但是我们在童年时就已经熟悉了他的作品。我们喜欢他的插画童书,再没有其他书能够带给我们如此多的快乐。"

从少年时代,他就一直梦想成为声名显赫的油画家,但愿望始终没能实现;他是积极的社会主义者,但人们更愿意将他视为支持社会主义运动的艺术家;他不喜欢被称为童谣院士,但这样的赞誉会暂时弥补他画油画不得志的失落……也许沃尔特早已参透不会完美的人生,他写过一首小诗:"为何要向生活抱怨?财富、名誉和爱情都不值得,唯有宝贵的是希望、偶然和自由。"即使画油画再不成功,他也一直没有放弃画油画;即使当时社会主义运动的口号再空洞,他也一直是社会主义运动中的积极分子。

在《给孩子的伊索寓言》中,沃尔特画了这样一幅画:美丽的孔雀展开灿烂炫目的尾巴向女神朱诺抱怨,孔雀认为自己没有像夜莺那样动人的歌喉很不合理,朱诺女神回答:"闭嘴吧,傻瓜,你该为已经拥有的表示知足!"

沃尔特·克莱恩已经拥有了很多。

References

· Menges, Jeff A.(2010)*The Art & Illustration of Walter Crane*, Dover Publications Inc., London.
· O'Neill, Morna (2010)*Walter Crane: The Arts and Crafts, Painting and Politics, 1875-1890*, Yale University Press, London.
· Engen, Rodney K. (1975)*Walter Crane as a Book Illustrator*, Academy Editions Ltd.,London.

《给孩子的伊索寓言》